Q&Aでわかる 日本版「司法取引」への企業対応

新たな協議・合意制度とその対応

大江橋法律事務所
弁護士 山口幹生

大江橋法律事務所
弁護士 名取俊也

同文舘出版

はじめに

企業関連犯罪の捜査対応の新たな局面～日本版司法取引の導入

　みなさんは、次のようなケースに直面した場合、どのように対応されるでしょうか。

> 　A社の法務部は、内部監査室から、ある内部通報の件で相談を持ちかけられました。その内部通報はA社の営業部員Bからのものであり、その内容は、「営業担当役員Cからの指示で、X市が発注する公共工事の予定価格を教えてもらうことを頼み、そのお礼としてX市のY市長に現金200万円を渡した。その後、約束どおり予定価格を教えてもらうことができ、A社は無事に工事を落札することができた。ところが、その後、検事から呼出しを受け、Y市長に賄賂を渡したのではないかと事情を聴かれた。C役員の関与もあるうえ、今後のX市との関係も考えるとY市長を売るようなことはできず、否認している。どうしたらいいか」というものでした。

　社会全体でコンプライアンスの意識が高まっている今日、適切な不祥事対応は企業にとっても極めて重要な課題となっています。企業あるいはその役職員が刑事事件で捜査の対象となり、処罰されるという事態は、会社の社会的信用を大きく失わせるばかりか、時として事業の存続自体にも深刻な影響を及ぼしかねません。

　設例のような事態に直面した場合、企業の基本的姿勢としては、隠し立てをすることなく、真相解明のために捜査機関に協力し、徹底した再発防止策を講じることが求められています。

　ところで、きちんと罪を認めて反省し、捜査にもできる限りの協力をし、さらに、しかるべき処罰を甘受するといった態度は誠に潔いと言えますが、そうした態度が処分のうえで有利に考慮されるのであれば、もっと協力しやすいのではないでしょうか。そのことによって、刑事責任を免除しても

らうか、免除までされなかったとしても、より罪が軽くなるのであれば、会社にとっても大きなメリットと言っていいでしょう。

これまでの捜査実務でも、事案の性質に応じ、捜査に協力的な姿勢を示す被疑者については検察官の裁量により処分の減免をするという運用がされてきましたが、それを超えて、捜査機関が被疑者に対し、「捜査に協力してくれれば処分を減免する」という約束をすることは許されていませんでした。そのため、企業側が捜査への協力姿勢を示す考えを持っていたとしても、それによってどれだけのメリットが得られるかがわからず、協力に二の足を踏ませていたことも否定できません。

今般、刑事訴訟法が改正され（平成28年刑事訴訟法改正、施行は公布日である同年6月3日から2年以内の予定）、いわゆる日本版司法取引制度が導入されることとなりました。

この日本版司法取引制度は、米国などで広く行われている司法取引制度に類するものであり、捜査機関と被疑者・被告人との間の交渉により、「他人」の刑事事件の捜査・公判に協力することの見返りとして自己の刑事責任の減免を保証してもらうというものです（法律上は、「取引」ではなく、「協議」、「合意」といった用語が用いられていることから、本書においては、この制度のことを「協議・合意制度」と呼ぶことにします）。

このような制度を導入することによって、捜査機関にとっては、組織的に行われた犯罪について、これまでは表面化しにくかった上位者の関与を含めた全容を解明するための証拠を得やすくするという長所がありますし、被疑者・被告人にとっても捜査機関への協力によって処分の減免というメリットを得ることができるという長所があります。

この制度は特定の犯罪を対象として適用されるものですが、そのなかには、企業活動に関連して犯されることが多い類型の犯罪も含まれています。設例にある贈賄罪（賄賂を贈った側）・収賄罪（賄賂を受け取った側）もこの制度が適用される犯罪ですから、会社として行った事実調査の結果、Bさんの内部通報の内容が基本的に正しいものと確認できた場合には、協議・

合意制度を利用することによって、捜査機関がターゲットとしてとらえているY市長の収賄事件の捜査・公判に協力する見返りとしてBさんおよびCさんの刑事責任を減免してもらえる可能性があり、それによって、Bさん、Cさんのみならず、会社が受けたダメージを回復することができるかもしれません。

　このように、新たに導入された協議・合意制度は、企業の不祥事対応における効果的なツールの1つとして用いることも可能ですから、企業としても、あらかじめ、この制度の適用が問題となる場面を想定し、実際に事態に直面した場合にはどのような点に留意したらよいのかを考えておくことが望まれます。

　とは言え、この制度はわが国の刑事訴訟手続に初めて導入されるものですし、刑事訴訟法の条文も難解ですから、制度の詳細を理解することは簡単ではありません。また、捜査機関の捜査実務に大いに関連しますので、一般の人が運用のイメージをつかむのは余計に厄介でしょう。

　本書では、協議・合意制度についての理解の助けとなり、企業の不祥事対応における手引きとして、制度の概要、企業としての対応の在り方などについて、実務的な側面にも言及しながらQ&A形式での平易な解説を試みています。本書を手にとられた方の興味・関心に応じ、ランダムにでも目を通していただき、危機管理上の参考にしていただければ幸甚です。

　なお、本書における解説部分は筆者らの個人的見解によるものであり、その文責はすべて筆者らが負うものであることを申し添えます。

　最後になりますが、本書の企画、編集・校正の作業を担当していただいた同文舘出版青柳裕之氏および吉川美紗紀氏に改めてお礼を申し上げます。

　平成29年9月

弁護士法人大江橋法律事務所
弁護士　山　口　幹　生
弁護士　名　取　俊　也

目 次

協議・合意制度の概要

- **Q.1** どのような経緯で協議・合意制度が設けられたのですか ………… 2
- **Q.2** 協議・合意制度とはどんな制度ですか ……………………………… 4
  - *Column 1* 財政経済関係犯罪とはどのような犯罪ですか ……………… 7
- **Q.3** 協議・合意制度の条文の概要は、
  どのようになっていますか ……………………………………………… 8
  - *Column 2* 検察官はどのような権限を持っているのですか …………… 11
- **Q.4** 協議・合意制度の手続の流れはどうなりますか …………………… 12
- **Q.5** 協議・合意制度は、どのような犯罪に適用されるのですか ……… 16
  - *Column 3* 不起訴とは何ですか ……………………………………………… 19
- **Q.6** 協議・合意制度において想定されている「被疑者、被告人」とは、
  どのような立場にある人をいうのですか …………………………… 20
- **Q.7** 自分は無実であるけれど、協議・合意に応じるということは許されますか
  また、被疑者等が自分の事件を否認している場合でも、協議・合意制度を利用することはできるのでしょうか ……………………… 22
  - *Column 4* 「略式手続」、「即決裁判手続」とはどのようなものですか ……… 25
- **Q.8** 企業（法人）は協議・合意制度の
  当事者（被疑者等）となりますか ……………………………………… 26
- **Q.9** 「他人」の刑事事件とまったく関係のない被疑者等も
  協議・合意制度の当事者となり得ますか …………………………… 28
- **Q.10** 検察官が複数の被疑者等と協議・合意をすることは
  あり得ますか …………………………………………………………… 30

Q.11	協議・合意制度において、被疑者等は具体的にどのような協力行為を行うことが求められるのですか	32
Q.12	取調べに対して供述はするが、「他人」の刑事事件の法廷で証言することはできないという場合でも、合意が成立する可能性はありますか	36
Q.13	協議・合意制度は捜査機関にとってどのような利点がありますか	38
Q.14	被疑者等にはどのようなメリットが与えられますか	40
Q.15	被疑者等に与えられるメリットは確実に実現されますか	42
Q.16	求刑の合意をする場合、検察官から、どの程度軽い求刑になるのか示されるのですか	44
Q.17	検察官と軽い求刑を合意しても、それを超える判決が出されることはないのですか	46
Q.18	協議はどのようにして行われますか	48
Column 5	犯罪の捜査において警察と検察はどのような関係にあるのですか	51
Q.19	被疑者等は、協議・合意制度において、どのような点に留意すればよいのですか	52
Q.20	協議・合意制度において、弁護人はどのような役割を果たしますか	56
Q.21	弁護人は合意後の取調べに立ち会うことができますか	58
Q.22	協議の様子は記録(録音・録画)されますか	60
Q.23	協議に入ったら、事実上、合意しなければならなくなるのでしょうか	62
Q.24	協議の結果、合意は成立しなかった場合、被疑者等が協議で話した内容などは、どのように取り扱われるのですか	64
Q.25	警察は協議・合意制度に関与しないのですか	66
Q.26	検察官との「合意内容書面」にはどのようなことが記載されるのですか	68
Q.27	合意内容書面は、刑事訴訟手続のなかで、どのように取り扱われるのですか	70
Q.28	合意の内容には、協力行為およびメリット以外は含まれないのですか	72
Q.29	いったん、合意しても、後で離脱することはできますか	74

- **Q.30** 合意が離脱により終了した場合、それまでの供述やすでに提出された証拠物などの取扱いはどうなりますか ……………………… **76**
- **Q.31** 被疑者等が、合意に基づき軽い処分を受けたにもかかわらず、合意内容を守らない場合、どうなりますか ……………………… **78**
- **Q.32** 合意に基づいて不起訴となった事件について検察審査会で起訴相当などの議決がされた場合はどうなりますか ……………………… **80**
- **Q.33** 協議・合意制度は独禁法上の課徴金減免制度（リーニエンシー）とはどこが違うのですか
  また、独禁法違反事件において、どのように位置付けられますか **82**
  - *Column 6* 捜査と調査 ……………………………………………… **85**
- **Q.34** これまで司法取引は認められていなかったのですか …………… **86**
- **Q.35** 協議・合意制度と米国で行われている司法取引とはどこが違うのですか ……………………………………………………………… **88**
- **Q.36** どうして自己負罪型の司法取引制度は
  導入されなかったのですか ……………………………………… **90**
- **Q.37** 被疑者等が虚偽の供述をすることによって、
  無実の「他人」が処罰されるおそれはありませんか ……………… **92**
- **Q.38** 被疑者等が虚偽の供述や証言をしたり、虚偽の証拠を提出した場合、どのような刑罰が科されますか ……………………………… **94**
- **Q.39** 協議・合意制度に基づいて提供された証拠は、日本の裁判で利用されるだけですか ……………………………………………… **96**
- **Q.40** 今回の刑訴法改正で導入された「刑事免責」とは、どのような制度なのですか ……………………………………………………… **98**

第 II 部 企業と協議・合意制度

- **Q.41** 企業関連犯罪にはどのようなものがありますか ……………… 102
- **Q.42** 企業関連犯罪に対する捜査手続に特徴はありますか ………… 104
- **Q.43** 企業関連犯罪において、協議・合意制度が適用される具体的場面にどのようなものがありますか
  〜「他人」が自社または自社の役職員の場合〜 ……………… 106
  - *Column 7* 捜査(特に捜索差押え)対応の心得 ……………………… 109
- **Q.44** 企業関連犯罪において、協議・合意制度が適用される具体的場面にどのようなものがありますか
  〜「他人」が他社または他社の役職員の場合〜 ……………… 112
- **Q.45** 自社または自社の役職員が特定犯罪に関与した疑いが生じたとき、会社としてはどのような対応をすべきですか ……………… 114
- **Q.46** 事実関係を調査するに当たって留意すべき点としてどのようなことがありますか ……………………………………………………… 118
  - *Column 8* 検察審査会とはどのようなことをするのですか ………… 123
- **Q.47** 自社または自社の役職員が「他人」として協議・合意制度の対象となった場合、
  会社はどのように対応したらよいですか ……………………… 124
  - *Column 9* 国外で行われた犯罪についても
    国内で処罰されることはありますか ……………………… 127
- **Q.48** 捜査機関に安易に迎合し、協議・合意制度を利用することは危険ではないですか
  また、他社関係者が自社または自社の役職員を名指しした供述が疑わしい場合、具体的にどのように対処したらよいですか ………… 128
- **Q.49** 弁護人の選任に当たって留意すべき点として、どのようなことがありますか ……………………………………………………… 130
  - *Column 10* 競争法の域外適用とは …………………………………… 132
- **Q.50** 役職員の弁護人の費用を会社が負担することに問題はありますか
  ……………………………………………………………………… 134

- Q.51 自社に対する捜査の状況はどのようにして把握することができますか ……… 136
  - Column 11 米国の量刑ガイドラインとはどのようなものですか ………… 138
- Q.52 協議・合意制度を適切に利用するため、会社として、日頃からの取組みにおいて留意すべき点として、どのようなことがありますか ……… 140
  - Column 12 課徴金減免制度（リーニエンシー）における減免内容 ………… 145
- Q.53 適切なマスコミ対応のために留意すべき点として、どのようなことがありますか ……………………………………………………… 146
- Q.54 内部通報制度と同様に、不正行為の早期発見のために、協議・合意制度を効果的に利用することはできますか …………………………… 150
  - Column 13 株主代表訴訟と取締役等の善管注意義務 ……………………… 153
- Q.55 協議・合意制度を適切に利用しなかった場合、代表訴訟リスクはありますか …………………………………………………………… 154
- Q.56 企業関連犯罪の量刑の実情はどのようになっていますか ……… 156

資料

- 【資料1】 協議・合意制度に関する刑事訴訟法の条文（抜粋） ………… 160
- 【資料2】 米国司法省と司法取引をした日本企業（主な例） …………… 165
- 【資料3】 脱税事犯処理の実情 …………………………………………… 167
- 【資料4】 独禁法違反判決結果一覧（平成以降） ………………………… 168
- 【資料5】 証取法・金商法違反処理結果一覧 …………………………… 169
- 【資料6】 外国公務員贈賄罪の適用事例 ………………………………… 178

索引 …………………………………………………………………………… 179

Column

Column 1	財政経済関係犯罪とはどのような犯罪ですか	7
Column 2	検察官はどのような権限を持っているのですか	11
Column 3	不起訴とは何ですか	19
Column 4	「略式手続」、「即決裁判手続」とはどのようなものですか	25
Column 5	犯罪の捜査において警察と検察はどのような関係にあるのですか	51
Column 6	捜査と調査	85
Column 7	捜査(特に捜索差押え)対応の心得	109
Column 8	検察審査会とはどのようなことをするのですか	123
Column 9	国外で行われた犯罪についても国内で処罰されることはありますか	127
Column 10	競争法の域外適用とは	132
Column 11	米国の量刑ガイドラインとはどのようなものですか	138
Column 12	課徴金減免制度(リーニエンシー)における減免内容	145
Column 13	株主代表訴訟と取締役等の善管注意義務	153

MEMO

- 郵便不正事件とは ……………………………………………… 3
- 被疑者、被告人とは ……………………………………………… 6
- 外国公務員に対する贈賄罪と協議・合意制度 ……………… 18
- 両罰規定 ……………………………………………… 27
- 取調べの録音・録画とは ……………………………………………… 61
- 司法警察員とは ……………………………………………… 67
- 起訴便宜主義とは ……………………………………………… 91
- 独禁法における裁量型課徴金制度について ……………… 144

第 I 部

協議・合意制度の概要

Q1 どのような経緯で協議・合意制度が設けられたのですか

A

協議・合意制度は、「時代に即した新たな刑事司法制度」を構築するための新たな証拠収集手段として、平成28年刑事訴訟法改正により導入されました。

1 司法取引制度をめぐる従来の議論

わが国の刑事訴訟手続に司法取引制度を導入すべきか否かという議論は以前からなされていました。戦後の大改革以来の司法制度に関する抜本的改革の起点となった司法制度改革審議会でも議論がされましたが、平成13年6月12日に内閣に提出された最終意見書においては、「刑事免責制度[1]により供述を確保する捜査方法の導入は、組織的犯罪等への有効な対処方策であると認められる（組織の実態、資金源等についての供述を得る有効な手段となり得る）。一方で、わが国の国民の法感情、公正感に合致するかなどの問題もあり、直ちに結論を導くことは困難であって、多角的な見地から検討すべき課題である」とされるにとどまりました。その後、具体的な検討は進みませんでしたが、平成21年から平成22年にかけて起きた大阪地検特捜部による郵便不正事件捜査をめぐる不祥事をきっかけとして設置された「検察の在り方検討会議」（平成22年10月～平成23年3月）において、従来の捜査手法について疑問が呈され、再び誤りを招かないための新たな刑事司法制度の構築の検討を開始するよう提言されたことにより、司法取引制度の導入に向けた検討も具体化されることになりました。

---

1 ここで挙げられている刑事免責制度は、平成28年改正刑事訴訟法で導入された「刑事免責制度」（→Q40）とは異なるものであり、協議・合意制度に相当するものです。

2 法制審議会における議論

　法務大臣の諮問機関である法制審議会は、平成23年6月6日、新時代の刑事司法制度特別部会を設置し、具体的な調査審議はこの特別部会において行われました。特別部会では、「取調べへの過度の依存を改めて適正な手続の下で供述証拠及び客観的証拠をより広範囲に収集することができるようにするため、証拠収集手段を適正化・多様化する」という理念・方針で検討が重ねられ、取調べの録音・録画制度の導入などと並んで、協議・合意制度を導入すべきとの調査審議結果となりました。

　この特別部会の調査審議結果は、平成26年9月18日に開催された法制審議会総会で採択され、法務大臣に答申されました。

　協議・合意制度は、自発的に供述しようとしない被疑者や参考人に対しても徹底した取調べをして供述を得るという従来の捜査手法が冤罪を招くおそれがあると指摘されていたことから、被疑者に一定のメリットを与えることにより自発的な供述を促して証拠を収集しやすくするとともに、組織犯罪においては、特に首謀者や上位者の犯行への関与に関する供述が得られないという問題を克服し、組織犯罪の全容解明に役立つ新たな捜査の仕組みとして導入されたものと考えられます。

3 国会における審議

　協議・合意制度の導入などを内容とする「刑事訴訟法等の一部を改正する法律案」は、平成27年3月13日、第189回国会（常会）に提出され、衆参法務委員会での審議を経て、平成28年5月24日、第190回国会（常会）において成立しました。

MEMO －郵便不正事件とは－

　郵便不正事件とは、偽の障害者団体などが、障害者団体向けの割引郵便制度を不正に利用したとして、平成21年に大阪地検特捜部によって摘発された郵便法違反事件ですが、これに関連して、内容虚偽の証明書の発行にかかわったとして逮捕勾留、起訴された厚生労働省の局長（事件当時は所管課長）が無罪となったり、捜査の主任検事が証拠物であるフロッピーディスクの記録を改ざんしたことが発覚するなど、検察捜査への信頼が大きく揺らぐ事態を招きました。

Q2 協議・合意制度とはどんな制度ですか

A

　検察官と被疑者・被告人およびその弁護人が協議し、被疑者・被告人が「他人」の刑事事件の捜査・公判に協力するのと引換えに、自分の刑事事件を不起訴または軽い求刑にしてもらうことなどを合意するという制度です（刑事訴訟法350条の2～350条の15）（なお、以下、本書においては刑事訴訟法のことを「刑訴法」または「法」と略記します）。

1　制度の趣旨・特徴

　つまり、被疑者や被告人（以下、本書においては「被疑者等」といいます）が、検察官等に対し、「他人」、つまり自分以外の第三者の刑事事件に関し、真実の供述をしたり証拠を提出したりする見返りに、不起訴にしてもらったり、起訴された場合でも軽い求刑にしてもらったりできる仕組みのことです。

　組織的な犯罪等における首謀者の関与状況を含めた事案の全容解明に役立つ証拠を獲得することを目的とする制度で、一定の財政経済関係犯罪も対象とされていることから、企業活動にも大いにかかわりのあるものです。たとえば、犯罪の実行犯である部下従業員から、企業の役員あるいは幹部職員等の上位者の関与を明らかにする「有罪証拠」（供述やその裏付け証拠）を獲得するということが想定されます。

　これまで、日本にはなかった制度です。実際に何の見返りもなしに他の共犯者の捜査・公判への協力を求めるのはとても難しいことです。そこで、協力に対するインセンティブを与えたというのがこの制度です。大きな特徴は、あくまで「他人」の刑事事件の捜査・公判に協力するという点です（「捜査公判協力型」）。「自分」の罪を認める代わりに不起訴などを約束して

もらうもの（「自己負罪型」）ではありません（→Q36）。アメリカでは両方認められていますが、日本では捜査公判協力型だけが導入されたので、「日本版司法取引」といわれるわけです。独占禁止法（独禁法）上の課徴金減免制度（リーニエンシー）と似た制度だといえます（→Q33）。

2　対象となる犯罪

　対象は特定の犯罪に限られますが、たとえば、独禁法違反、金融商品取引法（金商法）違反など、企業活動にかかわりの深いものが含まれます（→Q5）。

3　協力の内容

　法律上は、「真実の供述」と「証拠の提出その他の必要な協力」と定められているだけで、どんな行為が「協力」と認められるかは検察官の裁量に委ねられます。内容が虚偽ではないことは当然としても、いくら役立つと思って必要な証拠を提供したとしても、真相解明にあまり役立たないものであれば、検察官は合意に応じてくれないでしょう。

　この点に関し、真実の供述とは、客観的な事実関係に合致することではなく、自己の記憶に従った供述をすることを意味し（→Q11）、結果として誤りであることが後にわかったとしても、虚偽供述等処罰罪（法350条の15）に問われることはありません。もっとも、実際には、客観的な裏付けもなく信用性があるかどうかもあやふやな供述では検察官と合意することは難しいので、弁護人とは十分協議し、信用性を確保するために必要なこと（たとえば、「他人」が関与したとする供述内容の裏付けとなるメモ、手帳の記載、メールのやり取り等の客観的資料の確保や、事情を知る関係者の特定など）をあらかじめ検討しておかなければなりません。

4　弁護人の関与

　協議には被疑者等だけではなく弁護人も関与することが必要ですし、合

意には弁護人の同意が不可欠です（法350条の3、350条の4）。したがって、この制度において、弁護人の果たす役割は大きく（→Q20）、刑事実務に精通した弁護士の起用は非常に重要となります。

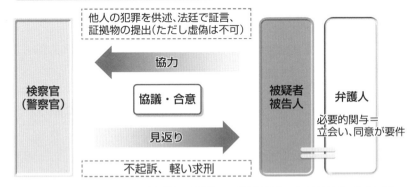

※対象犯罪：贈収賄、詐欺、背任、業務上横領、租税犯罪、独禁法違反、金商法違反など（その他、外国公務員贈賄罪〈不正競争防止法違反〉も含まれる可能性大）

> **MEMO －被疑者、被告人とは－**
>
> 　被疑者とは、捜査機関によって犯罪の疑いを受けて捜査の対象になっているが、まだ起訴されていない者を指します。
> 　身柄を拘束（つまり逮捕・勾留）されていようがいまいが、被疑者の立場に変わりはありません。捜査機関は、被疑者の取調べに際しては、供述拒否権の告知をしなければなりません（刑訴法198条2項）。報道では「容疑者」と呼ばれています。
> 　被告人とは、被疑者が起訴された後の呼び方です。
> 　ある犯罪が行われると、その犯人と疑われる人は、被疑者→被告人と立場が進展していきます。両者の立場の違いは、起訴されたかどうかであり、やはり身柄を拘束されているかどうかは関係ありません。
> 　犯罪の嫌疑は一応あるものの、まだ犯人として絞り切れていない段階の人を「重要参考人」と呼ぶこともありますが、これ自体は法令用語ではありません。
> 　ちなみに、民事手続で原告の訴訟提起の相手方のことを「被告」といいますが、刑事手続では「人」を付けて「被告人」と呼びます。

Column 1

財政経済関係犯罪とはどのような犯罪ですか

　協議・合意制度が適用される特定犯罪は法350条の2第2項に規定されていますが、同項3号には、「財政経済関係犯罪」という用語が使われています。

　法律上、「財政経済関係犯罪」が何を指すかという明確な定義をしたものはありませんが、たとえば、法務省が発行している犯罪白書（平成21年版）では、財政経済関係犯罪として、

　①財政犯罪（所得税法違反、相続税法違反、法人税法違反、消費税法違反、地方税法違反）

　②経済犯罪（商法・会社法違反、独占禁止法違反、金融商品取引法違反）

　③金融犯罪（出資法違反、貸金業法違反）

　④知的財産関連犯罪（商標法違反、著作権法違反、特許法違反、実用新案法違反、意匠法違反）

　⑤倒産関連犯罪（強制執行妨害、競売入札妨害（談合を含む）、破産法違反）

というグループ分けをし、カッコ内に記載した各犯罪の動向について解説していますが、これらの各犯罪に限定されるという趣旨ではなく、本文中で述べた外国公務員に対する贈賄罪（不正競争防止法違反）なども財政経済関係犯罪に含まれます。

　法は、これらの犯罪のうち、租税法違反、独占禁止法違反、金融商品取引法違反といった典型的な財政経済関係犯罪を列挙し、それ以外の財政経済関係犯罪のうち一定のものも含めて政令で定めることにより、協議・合意制度の対象となる特定犯罪とすることとされています（上記の外国公務員に対する贈賄罪は今後政令の定めによって「特定犯罪」に含められることが見込まれます）。

協議・合意制度の条文の概要は、どのようになっていますか

A

協議・合意制度は、平成28年の刑訴法改正(平成28年法第54号)により導入されたものです。

具体的には、第2編「第一審」のなかに新たに第4章として「証拠収集等への協力及び訴追に関する合意」が設けられ、この章に、350条の2から350条の15までの合計14の条文が新設されました。

それぞれの詳しい解説は以降のQ&Aを御覧いただくこととし、以下では、各条文の規定事項を概観することにします。

1 第一節　合意及び協議の手続

(1) 350条の2【合意の内容・対象犯罪】

合意の内容、すなわち、被疑者等が求められる協力行為やその見返りとして検察官が行う処分の減免と、協議・合意制度の対象となる特定犯罪について規定されています。

(2) 350条の3【弁護人の同意、合意内容書面の作成】

合意には弁護人の同意が必要なこと、合意はその内容を記載した書面を検察官、被疑者等および弁護人の連署により作成すべきことが規定されています。

(3) 350条の4【協議の主体】

合意のために必要な協議の主体は、検察官と被疑者等および弁護人であることなどが定められています(弁護人の協議への出席は不可欠)。

(4) 350条の5【協議における供述の聴取】

協議において、検察官は、被疑者等に対し、供述を求めることができることなどが規定されています。

この際には黙秘権が告知されます。

(5) 350条の6 【司法警察員との関係】

　検察官が被疑者と協議を行おうとするときにはあらかじめ捜査を担当している警察官と協議をすべきことや、検察官は「他人」の刑事事件の捜査をしている警察官に前条（350条の5）に規定する供述を求めること等必要な行為をさせることができることなどが規定されています。

2　第二節　公判手続の特例
(1) 350条の7 【合意した被告人の事件における合意内容書面等の証拠調べの請求】

　検察官は合意をした被疑者の刑事裁判（合意内容が不起訴ではなかった場合）において、350条の3の合意内容書面等の取調べを請求しなければならないことなどが規定されています。

(2) 350条の8、350条の9 【解明対象となる「他人」の刑事事件における合意内容書面等の証拠調べの請求】

　検察官は「他人」の刑事事件の裁判でも、350条の3の合意内容書面等の取調べを請求しなければならないことなどが規定されています。

3　第三節　合意の終了
(1) 350条の10 【合意からの離脱】

　合意が成立した場合でも、相手方が合意内容に違反したときや、裁判所が検察官の求刑を超える判決をした場合など、合意内容とは異なる事態が生じたとき、また、被疑者等の供述内容が真実でなかったときには、合意から離脱が認められています。本条ではそのような合意からの離脱事由などが規定されています。

(2) 350条の11 【合意の失効】

　検察官が合意に基づいて不起訴処分をした事件について、検察審査会がそれとは異なる議決（起訴相当、不起訴不当の議決または起訴議決）をした場合には、合意の効力は失われることが規定されています。

（3）350条の12【合意の失効の場合の証拠能力の制限】

　前条（350条の11）の場合には、検察審査会の議決した事件が起訴されたとき、その裁判でも、被疑者等の協力行為により得られた供述等や、それらに基づいて得られた証拠は証拠として用いることができないことなどが規定されています。

4　第四節　合意の履行の確保
（1）350条の13【合意違反の場合の公訴棄却等】

　検察官が合意違反をした場合（たとえば、不起訴合意をしたのに、検察官が起訴した場合）には、公訴棄却の判決がされることなどが規定されています。

（2）350条の14【合意違反の場合の証拠能力の制限】

　検察官が合意違反をした場合、被疑者等の協力行為により得られた供述等は、原則として、当該被疑者等の裁判でも「他人」の刑事事件の裁判でも証拠として用いることができないことなどが規定されています。

（3）350条の15【虚偽供述等の処罰】

　合意に反して虚偽の供述をし、または偽造された証拠等を提出した被疑者等は5年以下の懲役に処せられることなどが規定されています。

Column 2

検察官はどのような権限を
持っているのですか

　Column 7 でも説明しているように、検察官は捜査権限を持ち、警察と協力し、また、時には独自に捜査を行っています。特に複雑困難な法律解釈を要する事件や公判での立証に細心の注意を要する否認事件などでは、法律の専門家であり、また、公判活動に当たっている検察官が積極的に捜査をリードしています。

　検察官の重要な権限としては、公訴提起（起訴）の権限があります。諸外国のなかには、警察や私人が起訴の権限を持つ法制を採る国（たとえば、英国）もありますが、わが国では、刑訴法247条において、「公訴は、検察官がこれを行う」と規定されており、検察官のみが公訴提起の権限を有しています。協議・合意制度は検察官を当事者として位置付けていますが、これは、原則として検察官が公訴提起の権限を独占していること、わが国の刑訴法が起訴便宜主義（91頁のMEMOを参照）を採用し、情状などを考慮して起訴猶予処分とすることが認められていることを前提とした制度設計がされたためです。

　また、検察官は、起訴した事件の裁判に立ち会い、裁判所に証拠を提出したり、証人尋問、被告人質問をするなどの立証活動を行い、証拠調べの終了後には求刑を含む論告を行います。

　また、裁判が確定した後には、懲役刑や罰金刑などの裁判が正当に執行されるように、刑の執行を指揮します。

Q4 協議・合意制度の手続の流れはどうなりますか

A

協議・合意の手続の流れ

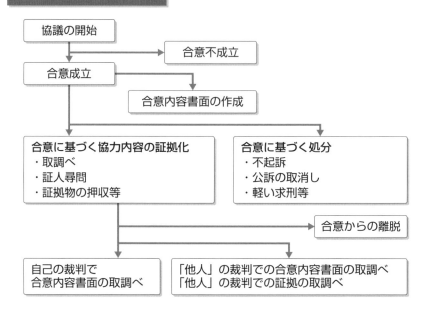

1 協議の開始（→Q18）

　協議の主体は検察官と被疑者等および弁護人です（法350条の4）。どちらか一方の当事者から協議を申し入れ、相手方が承諾することによって協議が開始されます。

　協議においては、被疑者等としては、協力できる内容（取調べまたは証人尋問において真実の供述・証言[2]をすることや証拠物の提出やその押収への協

---

2 ここでいう「真実」とは、必ずしも客観的に間違いのないということではなく、自己の記憶に従ったものという意味です（→Q11）。

力等）を明らかにし、他方、検察官としては、処分上のメリット（不起訴や軽い罪での起訴等）や量刑上のメリット（軽い求刑）を示すことになります（法350条の2第1項）。

　被疑者等および弁護人に異議がない場合には、協議の一部は検察官と弁護人だけで行うことができます（法350条の4ただし書）。ただし、被疑者本人のみとの間で協議を行うことはできません。

　なお、この協議においては、検察官は、被疑者等の供述を求めることができますが（法350条の5第1項）、警察において捜査している事件では、警察官に行わせることもできます（法350条の6第2項）。ただし、最終的に合意に至らなかった場合には、協議の過程でなされた供述を証拠とすることはできません（法350条の5第2項）。

　協議が整えば、これらの協力や与えられるメリットが合意内容になります。

2　合意の成立

　合意をするには弁護人の同意が不可欠であり（法350条の3第1項）、合意が成立した場合には、その内容を記載し、検察官と、被疑者等および弁護人が連署した書面（合意内容書面→Q26）が作成されます（同条2項）。

3　合意内容の証拠化

　通常の場合、合意成立後、検察官は、「他人」の刑事事件の立証に用いるため、被疑者等から、より詳細な供述を聴取して供述調書等を作成したり、その内容を裏付ける証拠物の提出を受け、またはその押収への協力を求めることになります。

4　裁判における合意内容書面等の取調べ（→Q27）

　仮に、合意した被疑者が起訴され裁判になった場合、検察官は、合意内容書面を証拠として取調べ請求しなければなりません（法350条の7第1項）。

これは、合意の存在および内容、例えば、求刑合意の存在および求刑内容などは、合意をした被疑者等の裁判において情状等の判断に関係してきますので、裁判所としてもこれを十分把握しておく必要があると考えられたためです。

また、「他人」の刑事事件の裁判でも、合意に基づいて作成された供述調書等を証拠として用いる場合には、検察官は、合意内容書面の取調べを請求する必要があります（法350条の8）。これは、そのような証拠は、場合によっては、「他人」を無実の罪に引っ張り込む危険性があって慎重な評価が必要となるので（「他人」に罪を負わせる内容の供述は類型的に警戒すべきものというのが裁判所の姿勢です。）、裁判所等にその証拠が合意に基づいたものであることをわかっておいてもらうためです（→Q37）。

5　合意からの離脱など（→Q29）

一方の当事者が合意に違反した場合には、相手方は合意からの離脱ができます（法350条の10第1項1号）。たとえば、真実の供述を行う旨の合意が成立したにもかかわらず、被疑者等が供述や「他人」の公判での証言を拒んだような場合や、不起訴とする旨の合意が成立したにもかかわらず、検察官が起訴をしたような場合が考えられます。

また、被告人については、裁判所が合意に基づく検察官の求刑より重い判決を下した場合[3]などに合意から離脱することができますし（同項2号）、検察官については、合意に基づく供述が真実でないことや提出した証拠が偽造や変造されたものであることが明らかになった場合に合意からの離脱が認められています（同項3号）。

合意からの離脱は、要するに、お互いに合意内容に拘束されないことを意味しますので、検察官としては通常の刑事処分を行い、被疑者等としては「他人」の刑事事件の捜査・公判に協力する必要はなくなります。

3　裁判所は刑の重さを決めるに当たって、検察官の求刑意見に拘束されるわけではないので、非常に稀ではありますが、実際に、求刑以上の判決が下される事態もあり得ます（→Q17）。

検察官が合意に違反して公訴を提起するなどした場合は、判決でその公訴が棄却されることは前記のとおりです。
　仮に、すでに協力に応じて供述調書が作成されていたり、証拠を提供している場合、検察官の合意違反があるときには、原則として、それらの証拠を証拠として用いることはできないことになっています（350条の14第１項）。ただし、当該被告人に自分の刑事事件の証拠とすることについて異議がない場合や、「他人」の刑事事件の証拠とすることについてその「他人」に異議がない場合には、証拠として用いることは許されます（同条２項）。

Q5 協議・合意制度は、どのような犯罪に適用されるのですか

A

　協議・合意制度の適用対象はすべての犯罪ではなく、特定の犯罪（以下「特定犯罪」といいます）に限られます。その趣旨は、わが国で初めての制度であることを踏まえ、一定の協力行為を行った者にメリットを与えてでも適正に処罰する必要性が高く、制度の利用にも適し、かつ被疑者を始め国民の理解を得られやすい犯罪類型に政策的に限定することにあります（たとえば、殺人罪のような裁判員裁判事件などを対象とすることは現状では国民の理解を得られないと考えられます）。

　特定犯罪が何を指すかについては、刑訴法350条の2第2項に規定されていますが、企業活動に関係しそうな例は以下のとおりです。

1　特定犯罪の例

(1) 刑法犯

① 公務の作用を妨害する罪

　強制執行妨害目的財産損壊等（刑法96条の2）、強制執行妨害等（同法96条の3）、公契約関係競売等妨害（いわゆる談合罪も含まれます）（同法96条の5）

② 文書偽造の罪

　公文書偽造等（同法155条）、公正証書原本不実記載等（同法157条）、偽造公文書行使（同法158条）、私文書偽造等（同法159条）、偽造私文書等行使（同法161条）、有価証券偽造等（同法162条）、支払用カード電磁的記録不正作出等（同法163条の2）

③ 汚職の罪

　贈収賄（同法197条～197条の4、198条）

④ 財産犯罪

詐欺（同法246条）、電子計算機使用詐欺（同法246条の2）、背任（同法247条）、恐喝（同法249条）、横領（同法252条）、業務上横領（同法253条）

（2）特別法犯

① 租税法違反（所得税法違反、法人税法違反、消費税法違反等）

② 独占禁止法違反（私的独占または不当な取引制限等）

③ 金商法違反（有価証券報告書等の虚偽記載、インサイダー取引、相場操縦等）

④ その他の財政経済関係犯罪として政令で定めるもの

どのような犯罪が定められるかは、今後制定される政令によりますが、たとえば、外国公務員に対する贈賄罪（不正競争防止法違反）なども含まれる可能性が高いと見込まれます。

（3）上記に関連する犯人隠避罪等

そのほか、上記（1）、（2）の特定犯罪に関する犯人隠避、証拠隠滅、証人威迫等（刑法103条、104条〜105条の2）も特定犯罪に含まれることになります。

2　財政経済関係犯罪は特定犯罪の典型

特定犯罪として掲げられている財政経済関係犯罪は、組織的な背景をともなって、密かに、正当な経済活動を装って行われることが少なくないことから事案の解明が容易ではありません。そのため、協議・合意制度の対象とする必要性が高いといえます。また、財政経済関係犯罪には多数の者が関与する場合が多いため、罪を犯した者から、その犯罪に関与した他の関係者について証拠を得るという協議・合意制度の仕組みになじみやすいと考えられます。そうしたことから、特定犯罪の多くは財政経済関係犯罪とされているのです。

3　被疑者等の刑事事件だけが特定犯罪であればよいのか

協議・合意の対象となる被疑者等の刑事事件だけが特定犯罪であればよいというわけではありません。被疑者等の刑事事件も、「他人」の刑事事

件も、どちらも特定犯罪に該当する必要があります。ただし、特定犯罪に該当する限り、両方の罪名が一致する必要はありません。また、特定犯罪であれば、被疑者等が逮捕勾留されているかどうかにかかわらず、対象となります。

4 被疑者が特定犯罪だけではなく非特定犯罪についても捜査の対象となっている場合

　ところで、現実の捜査においては、特定犯罪について捜査の対象となっている被疑者が、同時に、非特定犯罪についても捜査の対象とされることがあります。前記のとおり、協議・合意の対象となるのは、あくまでも特定犯罪に限定されますので、不起訴の合意ができる事件も特定犯罪に該当するものだけです。ですから、非特定犯罪に該当する事件については、協議・合意制度の対象外として、一般的な事件の処理に従って起訴・不起訴の処分が決められることになります。

　もちろん、非特定犯罪の罪質や同時に捜査の対象となっている特定犯罪との関連性によっては、その罪を認めて反省していることや特定犯罪を不起訴とすることとの均衡も考慮して、非特定犯罪に該当する事件についても不起訴にしたり、略式手続にするなどの軽い処分にすることもあり得るところですが、それは、あくまでも非特定犯罪の情状を考慮しての処分ということになります。

> **MEMO** －外国公務員に対する贈賄罪と協議・合意制度－
> 　国際的な汚職犯罪については、昨今、米国を始め各国の捜査当局が連携するなどして摘発を活発化させている傾向にあり、罰金額は巨額に上り、幹部社員個人が起訴され実刑判決を受ける例も見られるところです。わが国当局による摘発状況は未だ低調でありますが、例えば、OECD（経済協力開発機構）は、これを問題視し、わが国への国際圧力を強めている状況にあります（JAPAN :FOLLOW-UP TO THE PHASE 3 REPORT & RECOMMENDATIONS February 2014 OECD）。今後、こうした国際的な情勢のなかで、わが国でも「協議・合意制度」の導入を1つの契機に外国公務員に対する贈賄罪の摘発が活発化していくことも十分考えられます。

Column 3

不起訴とは何ですか

　「不起訴」という言葉を耳にしたことがあると思います。文字どおり、「起訴をしない」ということを意味するものですが、一口に不起訴と言っても、起訴しない理由に応じ、いくつかの種類があります。

　その代表格は「起訴猶予」です。ドイツなどでは、証拠がそろっている場合、検察官は起訴を義務付けられる起訴法定主義が採られていますが、わが国では、有罪とする証拠がそろっていると考えられる場合であっても、検察官は、犯人の性格、年齢および境遇、犯罪の軽重および情状などを考慮して、起訴をしないことができるとする起訴便宜主義が採られています（法248条）。この起訴便宜主義に基づいてされる不起訴処分が「起訴猶予」であり、裁判の負担・リスクも生じませんし、前科がつくこともありませんので、罪を犯し、捜査の対象となった被疑者にとっては実に望ましいものということができます。

　そのほか、不起訴処分のなかには、捜査を尽くしたにもかかわらず有罪判決を得られるに足りる証拠がそろわなかった場合にされるものとして「嫌疑不十分」、被害者等の告訴が必要である犯罪（親告罪）について告訴が取り消された場合にされるものとして「親告罪の告訴の取消し」があります。また、実際の件数はそれほど多くはありませんが、公訴時効が完成した場合には「時効完成」、およそ犯罪の嫌疑が認められない場合や犯罪を構成しない場合には、それぞれ、「嫌疑なし」、「罪とならず」といった種類の不起訴処分がなされます。

　協議・合意制度においては、被疑者が得られるメリットの重要なものとして不起訴処分がありますが（法350条の2第1項2号イ）、この場合の不起訴処分の根拠は起訴便宜主義によるものであり、「起訴猶予」ということになります。

協議・合意制度において想定されている「被疑者、被告人」とは、どのような立場にある人をいうのですか

A

　組織的な犯罪において首謀者・上位者の関与を示す証拠を獲得するという協議・合意制度の趣旨からすれば、そこで想定されている「被疑者、被告人」の典型は、組織のなかで比較的下位の立場にあり、上位者の指示に基づき、犯罪の実行その他直接的な関与をした者ということになります。

1　協議・合意制度の趣旨

　組織的な犯罪等において、犯罪を実行した下位者が首謀者や上位者の関与を供述しなければ、それらの者の関与を立証することは難しいのが現実です。そこで、軽い処分とすることと引換えに、下位者から、首謀者や上位者の関与状況を含めた事案の全容解明に役立つ証拠を得るということを可能にするために設けられたのが今回の協議・合意制度です（→Q2）。

2　「被疑者・被告人」とは？

　したがって、そこで想定されている、協議・合意の当事者である「被疑者・被告人」（「被疑者等」）というのは、組織のなかで比較的下位の立場にあって、上位者（＝「他人」）から指示されて当該犯罪を実行したり、犯罪の実行そのものではないけれど、それに役立つ準備的・補助的行為を行ったりした者がその典型です。

　場合によっては、「他人」とは異なる組織に属していても、組織同士が何らかの協力関係の下、同一または関連する犯罪を行った場合に、「他人」の関与の解明に役立つ証拠を持っている被疑者等も対象に含まれます。

　なお、条文上は、被疑者等の刑事事件と解明の対象となる「他人」の刑事事件は、共犯関係にあるといった限定はされておらず、まったく無関係

な事件であっても適用対象となっています。ですが、そもそも、相互に何の関連性もなければ、通常、信用性のある証拠を提供することはできませんので、実際には、共犯関係にあるか、あるいは、厳密には共犯関係ではなくても、犯罪の内容・経緯、関係者などの事情が共通しているといった関連性のある事件に限られることになると思われます（→Q9）[4]。

3 「被疑者・被告人」となる具体例

具体的には、以下のような例が考えられます。

① 会社の財務経理部の社員（＝被疑者等）が、担当役員（＝「他人」）から指示されて不正な会計処理（粉飾決算）を行い、虚偽記載のある有価証券報告書の提出（金商法197条１項１号の虚偽有価証券報告書提出罪）に加担した場合で、当該役員の関与を示す報告メモ等を持っている。

② 会社の営業担当部長（＝被疑者等）が、ある工事の入札に関し、担当役員（＝「他人」）の指示に従って、入札参加予定の他社関係者（＝「他人」）との受注調整（独禁法89条１項１号の不当な取引制限の罪）に関与した場合で、当該役員や他社関係者の関与を示すＥメールの写しや個人的な手控え等を持っている。

③ 会社の官公庁向けの営業を担当する社員（＝被疑者等）が、ある役所の調達担当の係長（＝「他人」）に対し、契約発注に関し有利な取り計らいを受けたいという趣旨で、金品の供与や接待を繰り返していた場合で（刑法198条の贈賄罪。役所の係長には刑法197条１項の収賄罪が成立する）、当該係長の自筆の預かり証や接待交際費の伝票類等を持っている。

これらの例では、被疑者等はいずれも犯罪の実行犯ですが、実行そのものでなくても、それを手助けした者なども被疑者等に含まれます。

---

[4] 法350条の２第１項本文に、検察官の考慮要素として、「当該関係する犯罪の関連性の程度」が掲げられていますが、まさにこのような趣旨に基づき、国会審議の過程で修正により挿入された文言です。

Q7 自分は無実であるけれど、協議・合意に応じるということは許されますか
また、被疑者等が自分の事件を否認している場合でも、協議・合意制度を利用することはできるのでしょうか

A

　どちらも、協議・合意制度の本来の趣旨には沿ったものとは到底言いがたいので、合意の成立に至る可能性は低いというべきでしょう。

1　自分は無実だが、協議・合意制度を利用したいというケース

　協議・合意制度は、組織的犯罪において、上位者等の「他人」の刑事事件の解明のため、被疑者等が真実の供述その他の協力行為をすることの見返りとして、自分の処分を減免してもらうものです（→Q2等）。

　したがって、そこでは、当然のことながら、被疑者等による犯罪の存在が前提とされています。ですから、被疑者等が実際には問題となる犯罪にかかわっていなかった、すなわち無実（当該犯罪の嫌疑がないという意味です）という場合は想定されていません。

　もっとも、被疑者等が自分は無実であるけれど、とある事情から「他人」の関与を知っているし、そのことを示す確実な証拠を持っているという場合に、自分には嫌疑がないことを主張して捜査機関と対立するより、自分の刑事事件については嘘の自白をしたうえで、「他人」の刑事事件の解明に協力して処分の減免を受けた方が楽だと考え、協議・合意制度を利用しようとする者もいるかもしれません。むしろ、早く釈放されたい、あるいは嫌疑があることを前提とした起訴猶予でも何でもいいから、起訴を免れたいという思いを持つこともあり得るでしょう。

　このように、協議・合意制度は、自分の処分の減免を目当てに協力行為

をするという点で、嘘の供述をして「他人」を引っ張り込む危険性があるほかに、自らの刑事事件においても嘘の自白をしたうえで処分の減免を求めようとするおそれが十分にあり、これによって、嘘の自白をも許容するという、正義に反する制度となる危険性を含んでいるわけです。

検察官としては、被疑者等による刑事事件が証拠上認定できることを前提に、協議・合意制度の適用可能性を検討することになることは当然ですが、その検討においては、こうした危険性を十分に踏まえるはずです。また、弁護人においても、同様の問題意識を持ち、協議・合意制度の利用の是非を判断すべき責務がありますので、そこでも被疑者等の自白の真実性は慎重なチェックを受けることになります。

ですから、このような場合、合意が成立する可能性は非常に低いと思われます。

そして、なんと言っても、嘘の自白をすることは、自らが刑事処分を受けるリスクを高めることは間違いありません。たとえ合意に基づき処分の減免を受け得るとしても、絶対確実な保証があるわけでありません。協議の結果、合意内容が必ずしも起訴猶予になるとは限りませんし、起訴猶予になったとしても、その後、検察審査会で異なる判断がされるおそれもあります。また、検察官の求刑を超える判決が出される可能性もあります。

2　自分の事件は否認しているが、協議・合意制度を利用したいというケース

それでは、被疑者等が、真実は自分の刑事事件で犯罪を犯していることは間違いないものの、嘘の否認をしているという場合に、協議・合意制度の利用ができるでしょうか。

刑訴法の条文の文言からは明らかではありませんが、検察官が、嘘の否認をしている被疑者等との間で合意することは考えにくいと思われます。

まず、このような嘘の否認供述をしている被疑者がした、「他人」の刑事事件に関する供述は、二重の意味で虚偽の危険性が高まります。また、

自分の刑事事件について嘘の否認をしているということは、反省をしていないことの現れと評価でき、いくら「他人」の刑事事件の解明に協力したとしても、情状面で被疑者等の有利になるような判断をすることは難しくなります。そうしたことから、検察官として、このような者と合意することは考えがたいといえます（平成27年7月3日衆議院法務委員会における刑事局長答弁参照）。

　ただし、被疑者等において、事実関係自体は間違いなく、容疑自体を全面的に否認しているわけではないものの、法的評価や主観面について自分なりの言い分があるという場合であれば、協議・合意制度の利用はあり得るように思われます。上記のような意味での虚偽供述の危険性があるわけではなく、情状面で特段不利な事情も見られないからです。

Column 4

「略式手続」、「即決裁判手続」とは どのようなものですか

　みなさんは、刑事裁判というと、どのようなものをイメージしますか？
　ほとんどの方は、TVドラマや映画で観る、法廷を舞台にして、裁判官、検察官、弁護人がそろって公判が開かれ、証拠物の取調べや証人尋問などの証拠調べを経て、最後に被告人が刑の宣告を受けるという場面を思い浮かべることと思います。それが刑事裁判の中心的なものであることは間違いありません。このような裁判手続を「正式裁判」と呼ぶことがあります。
　しかし、刑事裁判はこのような正式裁判に限られるわけではありません。その1つが「略式手続」（法461条以下）と言われるもので、公判を開かず、簡易裁判所が書面審理により、100万円以下の罰金または科料の刑を略式命令によって科す手続があります。この略式手続は、被疑者が罪を認め、略式手続によることに異議がない場合に、検察官が起訴をする際に略式命令を請求することによって行われます。書面審理であり法廷に出廷する必要がないうえ、科される刑も罰金・科料に限られることから、被疑者にとって負担が少なく、道路交通法違反事件、自動車運転過失致死傷事件など比較的軽微な事件について多く採られている手続です（刑事裁判のうち約80％がこの略式手続によって行われています）。
　自白事件を簡易迅速に処理するために設けられているもう1つの手続が「即決裁判手続」（法350条の16以下）です。この即決裁判手続は、争いのない明白軽微な事件について、被疑者・弁護人の同意などを要件として、検察官が起訴をする際に即決裁判手続の申立てをすることによって行われます。この手続による場合には、公判期日を起訴後14日以内に開かなくてはならず、公判では簡易な方式によって証拠調べが行われ、原則として、即日に判決を言い渡すこととされています。この手続のポイントの1つとして、懲役・禁錮の言い渡しをする場合は執行猶予を付けなければならないことが挙げられます。被疑者としては、早く裁判が行われるうえ、懲役刑・禁錮刑に執行猶予が保証されるという利点がありますが、実務的にはそれほど多く行われているものではありません。
　このように、「略式手続」、「即決裁判手続」は被疑者にとって利点がある裁判手続であるため、協議・合意制度においても、被疑者が得られるメリットとして規定されているのです（法350条の2第1項2号へ、ト）。

Q8 企業（法人）は協議・合意制度の当事者（被疑者等）となりますか

A

　企業（法人）が刑事処罰の対象となる罪については、協議・合意制度の当事者（被疑者等）となり得ます。

1　企業（法人）も刑事処罰されるのか？

　外国のなかには、法人自体を犯罪実行の主体として単独で処罰する法制を採る国がありますが、わが国では、犯罪を実行することができるのは自然人に限られると考えられています。刑法は、この考え方に立ち、処罰の対象を自然人に限っていますので、俗に、「会社ぐるみで贈賄をした」、「会社の安全対策の不備によって事故が起きた」と言われるようなケースであっても、被疑者・被告人となるのはその行為をした役職員に限られ、法人が被疑者・被告人になることはありません。ただし、行政的な刑罰法規については、法人の代表者または従業員が法人の業務に関して違反行為をした場合には、その代表者らを罰するとともに、法人にも刑罰[5]を科すという規定が設けられる場合があります。この規定を「両罰規定」といいますが、特定犯罪（→Q5）について、両罰規定により法人が処罰の対象となる場合には、法人も協議・合意制度の当事者となり得ます。

　刑訴法でも、「被告人又は被疑者が法人であるときは、その代表者が、訴訟行為についてこれを代表する」（27条1項）、「被告人が法人である場合には、代理人を出頭させることができる」（283条）などの規定が置かれています。これらの規定は、法人も刑事訴訟手続の当事者である被疑者・被告人となることを前提としたものです。

5　この場合、法人に科せられる刑罰は罰金のみとなります。

2 立案担当者の解釈

　この点は、刑訴法改正案が審議された国会においても議論がなされ、法務省刑事局長は、「現行の刑事訴訟法においても、会社等の法人も被疑者または被告人となり得るとされております。今回、協議・合意制度において検察官との間で合意をすることができる者は被疑者または被告人となっておりますので、こういったことから、法人もその合意の主体となり得るものと考えております」と答弁しています（平成27年5月20日衆議院法務委員会）。このように、立案担当者も、法人が協議・合意制度の当事者（被疑者等）となり得ると解釈しています。

　なお、この場合、協議・合意に関する手続は法人の代表者が行うことになります（27条1項）。

3 企業（法人）が当事者となる罪とは？

　特定犯罪のなかでも、贈賄罪や詐欺罪など刑法に規定されている罪については、法人が被疑者・被告人となることはありませんから、法人が協議・合意制度の当事者となることはありません。

　他方で、租税に関する法律（法人税法違反など）、独占禁止法、金融商品取引法、政令で定められるであろう外国公務員贈賄罪（不正競争防止法18条）には両罰規定が設けられていますので、これらの罪については、法人も被疑者・被告人の立場に置かれることがあり得ます。

> **MEMO －両罰規定－**
> 　両罰規定は、一般的には、「法人の代表者又は法人若しくは人の代理人、使用人その他の従業者が、その法人又は人の業務に関し、○○条○○項の違反行為をしたときは、行為者を罰するほか、その法人に対して○億円以下の罰金を、その人に対して同項の罰金刑を科する」などと規定されます。

Q9 「他人」の刑事事件とまったく関係のない被疑者等も協議・合意制度の当事者となり得ますか

　法律上は、「他人」の刑事事件とまったく関係のない被疑者等も協議・合意制度の当事者となり得ますが、実際には、共犯関係など一定の関係がある者が協議・合意制度の当事者になるものと思われます。

1　「他人」の刑事事件とは

　法350条の2第1項は、被疑者等が捜査・公判の協力を求められる事件について特に限定をせずに、「他人の刑事事件」と規定していますので、法律上は、被疑者等とは何の関係もない事件も含まれることになります。

　法務省刑事局長も、国会審議において、同じ暴力団組織に複数の特殊詐欺グループが所属している場合、自分の特殊詐欺グループとは別のグループについての情報も持っている可能性もあることを例に挙げ、「被疑者、被告人が証拠を提供することができる他人の刑事事件というものは、もちろんのこと、共犯者の事件である場合が多いとは思われます。ただ、必ずしもそれに限定されるわけではございません」と答弁しています（平成27年7月3日衆議院法務委員会）。また、企業犯罪に関して言えば、たとえば、外国において、特定の外国公務員に対して複数の日本企業の関係者がそれぞれに贈賄を行っているケースのように、必ずしも共犯関係にない場合であっても、共通する関係者がいることなどによって「他人」の刑事事件についても効果的な証拠を得ている場合もあるかもしれません。

2　国会においてどのような観点から審議が行われたか

　一方、国会審議では、自分の刑事責任を免れるために協議・合意制度を悪用し、無実の「他人」を引っ張り込むおそれがあることが指摘されまし

た。特に、「警察の留置場で同室になったAさんから、Aさんがやった犯行内容を告白された」などという嘘の供述をした被疑者と検察官が合意してしまうことにより、「他人」が無実の罪で捜査・裁判の対象とされてしまうのではないかという懸念が強く示されました。被疑者等と「他人」とが共犯関係にある場合には、「他人」の刑事事件と自分の刑事事件とでは証拠が共通することが多く、それを検察官に提供するということは被疑者等にとってもリスクがあります。それに対し、被疑者等にとって関係のない「他人」の刑事事件の場合には、虚偽の証拠を提出したとしても、そのようなリスクはありません。そこから、虚偽の証拠を提出して「他人」を陥れてでも自分の罪を免れようとする被疑者等もいるとも言えそうです。

協議・合意制度では、被疑者等が一定のメリットを得ることを見返りとして捜査に協力することが合意内容書面によって明らかになり、被疑者等から提供される証拠の信用性はこれまで以上に慎重に検討されることになりますから（→Q37）、通常、このような被疑者等について検察官が安易に合意をすることは考えられませんが、上記のように「他人」を引っ張り込むおそれを解消するために、衆議院における刑訴法改正案の審議の過程で、検察官が合意をするか否かを判断するに当たって考慮すべき事情として、法350条の2第1項に「当該関係する犯罪の関連性の程度」という文言を追加する修正が行われました。

3 今後、どのように運用されるのか

そもそも、共犯関係やそれに準じるような関係にない被疑者等が「他人」の刑事事件について信用性がある証拠を提供できるケースはあまり想定できませんし、修正案審議の際、法務省刑事局長が「合意制度が利用される場合として基本的に想定されるのは、共犯事件など、両犯罪の間に関連性が認められる場合である」と答弁している（平成27年8月5日衆議院法務委員会）ことからも、実務上は、共犯関係など一定の関係にある場合に利用されるものと思われます。

Q10 検察官が複数の被疑者等と協議・合意をすることはあり得ますか

A

事案にもよりますが、検察官が複数の被疑者等と協議・合意をすることもあり得ます。

1 検察官にとっての利点

検察官にとって、協議・合意制度は、組織的に行われる犯罪について、下位者から捜査・公判への協力を得ることにより、首謀者・上位者の犯行への関与を明らかにするという点に大きな利点がある制度です。

そのため、検察官が協議・合意制度を利用しようとするのは、被疑者等から「他人」の刑事事件の立証に役立つ証拠が得られると見込まれる場合ということになりますが、その見込みがあれば、協議・合意の対象となる被疑者等は1人に限られるものではなく、事案によっては、複数の被疑者等と協議・合意することも考えられます。

2 どのような場合に複数の被疑者等と協議・合意をすることが考えられるか？

ある刑事事件において、「他人」の刑事事件と自己の刑事事件が共犯関係にある者が複数いた場合、それらの共犯者が同じような立場で、同じように犯行にかかわっているとは限らず、複数の者がさまざまな役割を果たしながら犯行にかかわるということが多くあります。

たとえば、会社の役員と幹部従業員、下位従業員が贈賄事件に関与した場合でも、計画を練ったのは役員と幹部従業員の2人であり、下位従業員は役員から指示されて現金を役人に届けただけというケースもあり得ます。このケースでは、幹部従業員は役員との犯行計画状況について供述するこ

とが可能ですし、下位従業員は役員から指示された際の状況を供述することができます。そして、検察官は、幹部従業員および下位従業員の2人それぞれから、この場合、「他人」に該当する役員の犯行を立証するための重要な証拠が得られると考え、2人と協議を進め、2人について軽い処分をしてでも役員を起訴することが適当であると考えた場合には、2人と合意をすることも考えられます。

3　検察官は立証に最適な者と協議・合意する

　他方で、ある犯行にかかわっている複数の者が同じような立場にあり、検察官が立証しようとしている「他人」との関係でも同じような証拠を持っているような場合には、検察官は、そのなかから立証に最適と考える者を選んで協議・合意をすることが想定されます。検察官としては、複数の者にメリットを与えてまで、重ねて同じような証拠を得ようとは考えないでしょう。

　その場合、検察官としては、協議・合意制度を利用することがあり得る複数の者の犯行グループ内での地位や役割、それらの者から得られる見込みの証拠の質などを勘案して、協議・合意をする者として最適な者を選ぶことになると思われます。したがって、必ずしも最初に協議を申し入れた者が合意にまで至るとは限りませんが、他の者に遅れて協議に入ろうとする場合には、検察官が必要な証拠はすでに他の者から提供を受けているという事態も大いに想定されます。

　その意味では、被疑者等が協議・合意によってメリットを得ようとする場合には、できる限り、早い時期に、信用性の高い証拠を提供できることを弁護人を通じて検察官に示すことが必要になるものと考えられます。

協議・合意制度において、被疑者等は具体的にどのような協力行為を行うことが求められるのですか

A

　被疑者等が求められる協力行為とは、組織的な犯罪において、「他人」（会社の上司など）の刑事事件の解明に必要となる、真実の供述やそれを裏付ける客観的資料等を提供することです。

1　被疑者等に求められる協力行為の内容

　協議・合意制度は、組織的な犯罪等における首謀者の関与状況を含めた事案の全容解明に資する証拠を得るということを可能にするための仕組みです。

　そうした趣旨から、被疑者等には以下の行為が求められています（法350条の2第1項1号）。

① 　検察官等の取調べに際して真実の供述をすること（同号イ）
② 　法廷で証人尋問を受けた場合に真実の供述をすること（同号ロ）
③ 　検察官等に、証拠の提出その他の必要な協力をすること（同号ハ）

　こうした協力行為の見返りとして、被疑者・被告人は、合意がなかった場合と比較してより軽い処分ですむというメリットを得られるのです。

2　「真実の供述」とは？

　「真実の供述」とはどういう意味でしょうか。

　この点につき、刑訴法改正案の国会審議において、法務省刑事局長は、「真実」とは「自己の記憶に従ったものであること」と答弁しております（平成27年6月19日衆議院法務委員会等）。すなわち、被疑者等が自らの記憶の内容に沿った供述をするということです。供述の内容にある事実が客観的真実に合致するかどうかは必ずしも必要とされません。この点は、偽証

罪（刑法169条）における「虚偽の陳述」についても同様の解釈がされています（大審院大正3年4月29日判決）。

したがって、理屈のうえでは、仮に、①客観的真実とは異なる供述であっても、記憶に沿った内容であれば、「真実の供述」といえますし、逆に、②客観的真実には合致するものの、記憶に反する供述したとすれば、「真実の供述」ではないということになります。

もっとも、合意成立時点では、このように、「記憶」と「客観的真実」が合致しないパターンというのはそれほど多くはないように思われます。なぜなら、被疑者等が協議において記憶するところを供述し、検察官等が、その内容について裏付けを取り、その信用性を確認したうえで、合意に至るのが通常だからです。仮に、供述内容の十分な裏付けがとれなければ、検察官としては、その供述を「他人」の刑事事件の証拠として使うのを断念することになるだけです。

それでは、その後、「他人」の刑事事件の裁判で、被疑者等が協議における供述や合意に基づく供述とは異なる証言をした場合、たとえば、「合意した当時は○○と記憶していたけど、証言時までに××ということを思い出した」という証言をした場合、「真実の供述」をしなかったといえるでしょうか。この場合でも、証言内容が記憶に一致するものであれば、「真実」といえそうですが、特に合意後の取調べの過程では、その段階での供述が自らの記憶を踏まえてなされたものであるかどうかについて慎重に確認されているはずですから、上記の証言内容は記憶に反する内容である可能性が高いと思います。また、上記のとおり、通常は協議の過程あるいは合意後に検察官等が十分な裏付け捜査を行いますので、合意後に変更した証言内容は、多くの場合、客観的真実にも反するものになるでしょう。そもそも、供述を変更した理由そのものが疑わしいと評価されるケースの方が多いように思われます。このような場合、偽証罪に問われるリスクは高いといえます。

3 「証拠の提出その他の必要な協力」とは？

「証拠の提出その他の必要な協力」とは、抽象的に言えば、自己の記憶内容を供述や証言という形で提供する以外の方法で、捜査機関の証拠収集に協力するという意味であり、具体的には、証拠物やその写し等を任意に提出したり[6]、実況見分や検証に立ち会って説明することや捜査機関に対して犯行現場などの関係場所を案内することなどが含まれます。

実際のケースでは、前記の協力行為としての「供述」（証言）と「証拠の提出その他の必要な協力」は、それぞれ別々のものとして存在するのではなく、「他人」の関与を示す供述を行うとともに、その内容を裏付ける客観的証拠等を提供するというものになるだろうと思われます。供述だけでは、その信用性の確認が困難ですし、逆に、供述をせず、証拠物だけを提供しても、証拠物と「他人」の事件との関連性が明らかにならず、事案の真相解明に役に立つとはいいがたいからです[7]。

4 被疑者等が協力行為を行わなかった場合（→Q31）

被疑者等が、合意に基づく協力行為を怠った場合、すなわち、①合意に基づく供述や証拠の提出を拒んだ場合（法350条の10第1項1号）、②協議の中で供述した内容が後日真実でなかったことが判明した場合（同項3号イ）、③合意に基づき、その後の取調べの中で供述した内容が後日真実ではなかったことが判明した場合（同号ロ前段）、④合意に基づいて提出した証拠が後日偽造や変造されたものであることが判明した場合（同号ロ後段）には、検察官は、「合意」から離脱することができます（手続としては、離脱の理由を記載した書面で告知することにより行います）（同条2項）。

---

[6] 証拠物に関する情報（所在、種類、形状、数量、所有・管理状況など）を提供するなどして捜索・差押えの便宜を図ったりすることや、重要な参考人に関する情報を捜査機関に教えることも協力行為に含まれますが、これは条文上「真実の供述」という文言で読み込むことになるかもしれません。

[7] もっとも、物証の存在だけを明らかにするとしても、その物証自体に「他人」の関与を示す手がかりが残されているということも考えられます。

離脱の効果は、合意がなかった状態に戻るということで、被疑者等は、合意に基づく軽い処分を受けられません。また、虚偽供述等処罰罪により、5年以下の懲役刑という刑罰を受ける可能性があります（法350条の15第1項）。

　なお、検察官として、被疑者等による供述や提出した証拠が真実に反するものであることが判明した場合には、当然のことながら、それらを「他人」の刑事事件を立証する証拠として用いることは考えられません[8]。

　仮に、このような、被疑者等による合意違反の事実が、当該被疑者等がすでにメリットを受けた後に判明した場合、仮にそれが不起訴処分であったとすれば、検察官はその不起訴処分を見直し（これを「再起」といいます）、再捜査のうえ、改めて処分することになります。他方、起訴され、すでに軽い刑罰が確定してしまっていたという場合には（略式命令の場合も含みます）、一事不再理の原則の下では、同じ罪で改めて処罰することはできません。その意味でも、検察官には、裏付け捜査を徹底することにより、被疑者等が誠実な協力をしているかどうかを慎重に吟味する姿勢が求められます。

8　「他人」の刑事事件の捜査段階で虚偽の供述であることなどが判明していれば、当該事件の起訴自体を断念することもあるでしょう。また、起訴後に判明した場合にも、そのような真実に反する証拠を検察官が立証に使うことも考えにくく、他の証拠で立証できないかどうかなど、立証戦略全体を見直さざるを得ません（それも難しければ、公訴取消しや無罪の可能性が出てきます）。

Q12 取調べに対して供述はするが、「他人」の刑事事件の法廷で証言することはできないという場合でも、合意が成立する可能性はありますか

A

被疑者等が取調べに対して供述をすることだけでも「他人」の刑事事件の捜査・公判に役立つと検察官が考えれば合意が成立する可能性はありますが、協力の程度が弱いと評価され、大きなメリットは得られない可能性があると思われます。

1 被疑者等による協力行為の典型的な場合

協議・合意制度における被疑者等による協力行為のなかに、取調べに際して真実の供述をすること（法350条の2第1項1号イ）と証人尋問において真実の供述（証言）をすること（同号ロ）があります。

刑事事件の捜査では、まずは、捜査機関が特定の事件の立証に必要な情報を持っていると思われる者の取調べを行います。そして、裏付け捜査などによって得られた供述に信用性が認められると捜査機関が判断した場合には、供述内容をまとめた供述調書が作成されます。その後、その事件が起訴された場合には、検察官から、その立証のための証拠として当該供述調書の取調べが請求されることになりますが、被告人が事件を否認しているような場合には、通常、弁護人が当該供述調書を証拠として取り調べることに同意しませんので、供述者本人を法廷に呼び出して証人尋問を行うということになります。

このような刑事事件の捜査・公判の実務に照らすと、協議・合意制度によって被疑者等がメリットを得るためには、「他人」の刑事事件に関する取調べに対して真実の供述をして供述調書の作成に応じることと、「他人」の刑事事件の裁判で証人として真実の証言をすることがセットで協力行為

として求められることが典型的なパターンであると思われます。

2 証言を拒む場合の合意成立の可能性

もっとも、人によっては、捜査機関の取調べに応じて供述をすることや供述調書の作成に応じることはできても、公開の場であり、自分と関係のある「他人」がいる法廷で、同人に不利益な内容を証言することは拒みたいと考えることもあるかもしれません。

このような場合、検察官が、最終的に被疑者等による証言が得られないことによって「他人」の刑事事件の立証には役立たないと考えた場合には、検察官が合意に応じることはないでしょう。

これに対し、検察官が、当該被疑者から得られる見込みの供述を吟味し、当該被疑者等から証言は得られなくても、当該供述を基にして得られる新たな証拠によって有罪立証が可能となるという判断をすれば、合意に応じる可能性もあると思われます。ただし、この場合、被疑者等が得られるメリットは、協力の程度に応じたものとなり、それほど大きなメリットは得られない可能性もあると思われます。

Q13 協議・合意制度は捜査機関にとってどのような利点がありますか

A

協議・合意制度により、組織的に行われた犯罪に関する証拠を得やすくなり、全容の解明が進むことが期待されています。

1　犯罪捜査の実際

捜査機関が犯罪の真相を解明するためには、関係者から詳細な供述を得たり、客観的な証拠である物証を集めたりする必要があります。

協議・合意制度の対象犯罪になっている財政経済関係犯罪では、たとえば、各種帳簿類、会議録、業務日報、メールその他の電子データ、銀行口座の入出金記録などの客観的証拠が重要であることは言うまでもありませんが、それだけでは、なかなか犯罪の全容を解明することができません。組織的に行われた犯罪の捜査では、誰が中心となって犯行を計画・遂行したのか、誰と誰が相談したのか、どのような役割分担があったのか、犯罪によって得た利益はどのように分配されたのかなどを解明することはとても重要なことであり、また、そもそも、どうしてその犯罪が行われるようになったのか（動機・目的）ということも解明する必要があります。

そして、これらの点を解明しようとするとき、極めて重要になるのが関係者の供述なのです。犯罪捜査の実務では、この供述を得るために、警察官や検察官が、自分や組織にとって不利益なことを話したがらない被疑者や参考人に対し、時には膨大な時間をかけて、真相を話すよう説得を続けるということが行われています。このような捜査は、刑事事件の真相解明に重要な役割を果たしてきた一方で、取調べおよび供述調書に過度に依存するものであるという指摘がされてきました。

2　組織的な犯罪の特徴

　組織的な犯罪は複数の者が犯行に加わりますが、通常、犯罪の首謀者となる組織の上位者は直接に犯罪を実行することはありません。そして、犯罪の実行者が検挙された場合であっても、実行者は、組織や上位者を守るために、犯罪の組織的な背景や上位者の関与については話そうとしない、あるいは、組織内で自分の立場を守るためや後の仕返しを恐れて話したくても話せないという場面が多く見られます。物証だけで組織的な背景や上位者の関与を示すものがあれば別ですが、実際にはそのような物証はなかなかありません。そのため、実行者の供述やそれを裏付ける証拠がなければ上位者を検挙できず、組織的な犯罪の全容が解明できないということも少なくありません。これでは、最も責任を負うべき者を正しく罰することができず、刑事裁判の基本である正義を実現できないことになってしまいます。

3　協議・合意制度による効果

　捜査機関としては、中心的な役割を担った上位者をこそ、しっかりと処罰したいと考えるところであり、その指示を受けて実行したにすぎない者については、上位者の関与を含めた組織的な背景について正直に話した場合には、罪質や具体的事情によっては、不起訴（起訴猶予）とすることも考えられます。また、検挙された実行者も、正直に話せば自分は不起訴にしてもらえるという保証があるのであれば、上位者の関与を含めた組織的な背景についても話す気になるかもしれません。ただ、これまでは、捜査機関と被疑者との間で、「正直に話せば不起訴にする」といった約束をすることは許されないものとされていましたので（→Q34）、組織的に行われた犯罪の全容解明は容易に進まないという状況にありました。

　協議・合意制度は、法律上の制度として、いわゆる司法取引を規定したものであり、これにより、捜査機関には、組織的に行われた犯罪について、上位者の関与を示す証拠を獲得しやすくなるという利点があります。

Q14 被疑者等にはどのようなメリットが与えられますか

A

　検察官と合意することにより被疑者等に与えられるメリットには主に以下のようなものがあります。

　なお、被疑者等に与えられるメリットは1つとは限られず、例えば、一部の犯罪事実について不起訴や公訴の取消し等を行いつつ、軽い求刑をすることも考えられます。

1　「裁判」の回避

・不起訴（法350条の2第1項2号イ）

　検察官は、犯罪の軽重および情状ならびに犯罪後の情況等により訴追を必要としないときは、公訴を提起しないことができるものとされています（起訴便宜主義）（法248条参照）。合意した被疑者についても、これに基づいて起訴猶予（不起訴処分の一種）とすることができます（→Column 3）。

　これによって被疑者は裁判になることを回避できますから、極めて大きいメリットということができます。

・公訴の取消し（同号ロ）

　検察官は、第一審の判決があるまで、公訴を取り消すことができます（法257条参照）。検察官が公訴を取り消した場合には、裁判所が公訴棄却の決定をします（法339条1項3号）ので、被告人は裁判手続から解放されるという大きなメリットを得ることができます。

2　軽い刑罰を求める

・軽い罪による起訴（同号ハ）

　訴因とは起訴の対象とされた事実であり、検察官が決めるものですが、

合意した被疑者について、本来適用すべき罪よりも軽い罪の訴因で起訴することができます。たとえば、収賄によって不正な行為をしたとして刑が重くされている加重収賄罪（刑法197条の3）で起訴すべきところを、罪の軽い単純収賄罪（同法197条1項前段）で起訴するような場合が考えられます。

・軽い求刑（同号ホ）

　検察官は、証拠調べが終わった後、事実および法律の適用について意見を陳述（論告と言われています）することになっていますが（刑訴法239条1項）、実務上は、この論告に続いて、被告人をどの程度の刑に処することが適当かを述べることとなっています（求刑）。通常の求刑よりも軽い求刑をしてもらうことにより、裁判所によって科される刑も軽くなることが想定されますから（→Q17）、被告人にとっては大きなメリットとなります。

3　簡略な手続による裁判を求める

・即決裁判手続の申立、略式命令の請求（同号ヘ、ト）

　即決裁判とは、簡略な手続によって証拠調べを行い、原則として即日、執行猶予付きの有罪判決を言い渡すものであり（法350条の16以下）、早期に刑事裁判手続から解放されるうえ、執行猶予が保証されるというメリットがあります。

　また、略式命令とは、公判を開かずに書面のみの審理という略式手続によって100万円以下の罰金・科料を科する簡易な手続であり（法461条）、被疑者にとってメリットが大きいものです（→Column 4）。

Q15 被疑者等に与えられるメリットは確実に実現されますか

A

被疑者等に与えられるメリットの種類（→Q14）によっては、裁判所の判断次第ではその趣旨が実現されない場合がありますが、実務上は、ほぼ確実に実現されるものと考えられます。

1 確実に実現されることが見込まれるもの

被疑者等に与えられるメリットのうち、不起訴処分とすること（法350条の2第1項2号イ）、公訴を取り消すこと（同号ロ）、軽い罪で起訴をすること（同号ハ）は、検察官の権限として認められていますので、合意をした場合には、確実に実現されることが見込まれます。

ただし、不起訴処分について不服がある被害者等は検察審査会（→Column5）に審査を申し立てることができ（検察審査会法30条）[9]、検察審査会において不起訴処分が不当と判断した場合には、起訴相当、不起訴不当といった議決に至ることがあります（同法39条の5など）。この場合、再度、検察官による捜査が行われることになり、その結果、検察官が起訴をすることもありますし、検察審査会の起訴議決（同法41条の6）があった場合には、指定弁護士により起訴されるということになります。

また、軽い求刑（法350条の2第1項2号ホ）については、求刑は裁判所に対する検察官の意見にすぎず、裁判所による量刑の判断を拘束するものではありませんので、稀ではありますが、求刑を上回る判決が出されることもあります。ただし、実務上、求刑が量刑に及ぼしている影響は大きく、ほとんどのケースでは、合意に基づく求刑に見合った量刑がされることに

---

[9] もっとも、協議・合意制度の対象となる特定犯罪について検察審査会に申立てがされることはあまり多くないと考えられます。

なるものと思われます（→Q17）。

2 裁判所の判断によりメリットの趣旨が実現されない場合

これに対し、訴因の追加・変更（法350条の2第1項2号ニ）は裁判所の許可が必要ですし（法312条1項）、即決裁判手続（法350条の2第1項2号ヘ）および略式命令についても、裁判所が不相当とした場合にはこれによることができません（法350条の22、463条）。

このように、法律上は、裁判所の判断によってメリットの趣旨が実現されない場合も想定されていますが、実務上は、これらの点に関する検察官の訴訟行為が裁判所に受け入れられないということは稀ですので、これらのメリットについても、ほとんどの場合、その趣旨が実現されるものと考えられます。

3 履行されなかった場合

検察官が合意に違反して、起訴をしたとき、公訴を取り消さなかったとき、軽い罪で起訴をしなかったとき、軽い求刑をしなかったときには、被告人は、合意から離脱することができます（法350条の10第1項1号）。もっとも、被疑者等および弁護人と合意をしておきながら、検察官がその合意に違反するということは、まず起こらないと思われます。

検察官は合意に基づく行為をしたものの、裁判所が訴因の追加・変更を許さなかったとき、即決裁判手続の申立てを却下したとき、略式命令請求に対して正式裁判としたときには、最終的に被疑者等に与えられるメリットの趣旨が実現されないことになりますから、被告人は合意から離脱することができます（同項2号）。検察官が軽い求刑をしたのにもかかわらず、裁判所が求刑よりも重い判決をした場合も同様です。

Q16 求刑の合意をする場合、検察官から、どの程度軽い求刑になるのか示されるのですか

A

　合意に至る過程において、検察官からは、被疑者等および弁護人に対し、合意がないとした場合に見込まれる求刑と合意によって軽減される求刑の双方が示されることになると思われます。

1　実務における求刑の決め方

　求刑とは、検察官が裁判所に対して被告人をどの程度の刑に処することが適当と考えているかを示すものです。

　米国では量刑ガイドラインが公表されており、量刑に当たって考慮される諸情状等が数値化されていることにより、予想される量刑の幅が相当に絞り込まれると言われていますが（→Column 6）、わが国の検察実務においては、法律で定められた刑の範囲内で、事件の個別具体的な情状を考慮して、検察官が求刑を決めています。もちろん、犯罪類型に応じたある程度の求刑相場のようなものはあり、経験のある弁護人であれば、ある程度の予測を立てることもできますが、当該事件について最終的にどのような求刑をするかは検察官以外わからないと言わざるを得ません。

2　求刑の合意によるメリットの把握

　合意によって被疑者等が得られるメリットの1つとして、合意がないとした場合よりも軽い求刑をするというものがあります（法350条の2第1項2号ホ）。

　もちろん、そのような軽い求刑をしてもらえるのであれば、判決結果も軽くなることが予想されます。しかし、被疑者等にとって、実際に、合意に基づく求刑が、合意がない場合よりどの程度軽いのかがわからなければ、

「他人」の刑事事件の捜査に協力してまで合意に応じることが適当かどうかを判断するのは困難でしょう。それでは、協議・合意制度が効果的に活用されないことになり、検察官としても「他人」の刑事事件に関する有効な証拠を得ることができません。そこで、検察官から、たとえば、「この事件であれば通常は懲役5年から7年程度の求刑をすることが見込まれるが、合意が成立した場合は懲役2年の求刑をする」というように、具体的にどの程度求刑が軽減されるかを示すことによって、被疑者等および弁護人が合意の判断をしやすいようにする必要があると思われます。法務省刑事局長も、国会審議において、「求刑の合意をする場合、当然、その合意に至るまでの協議の過程で、実際のその事案における適正な求刑というものがどういうものであって、(中略)検察官にしてもらいたいと考える求刑がどういうものであるかというようなことは、当然、弁護人もその協議の過程で入りますので、そのなかで合意がされます」と答弁しているところであり(平成27年5月27日衆議院法務委員会)、実務においても、協議の過程で具体的にどの程度求刑が軽減されるかを示す運用がされることになりそうです。

Q17 検察官と軽い求刑を合意しても、それを超える判決が出されることはないのですか

A

　ごく稀に検察官の求刑を超える判決が出されることがありますが、協議・合意制度の下で軽い求刑がされた場合、それを超える判決が出されることはあまり想定されません。

1　求刑とは

　証拠調べが終わった後、検察官は、事実および法律の適用について意見を陳述しなければならないとされています（法293条1項）。ニュースなどで「論告求刑」という言葉を見聞きしたことがあると思いますが、それは、この検察官による意見陳述のことを指します。

　そのうち、求刑とは、検察官が、被告人に対して科すべき刑罰の種類や重さについてどのような意見を持っているかを明らかにするものであり、たとえば、「懲役5年に処するのが相当」とか、「懲役3年及び罰金100万円に処するのが相当」というように具体的に示されます。

　求刑はあくまでも裁判所に対する検察官の意見であり、個別の事件の情状に応じて決められるものですが、検察官は、その事件固有の要素を考えつつ、他の同種・類似の事件との均衡も考慮に入れながら、求刑を決めています。また、個々の検察官の判断によって求刑に不均衡が生じないようにするため、検察庁では求刑を決めるに当たっては上司による決裁を得ることが必要とされています。

2　協議・合意制度における求刑と量刑の関係

　求刑は検察官の意見であり、裁判所の量刑（実際に言い渡される判決における刑罰の種類や重さのことを言います）を拘束するものではありません。

実際にも、裁判所は求刑が重すぎるとして大幅に軽い量刑をすることもありますし、ごく稀なケースではありますが、軽すぎるとして求刑を超える量刑をすることもあります。もっとも、検察官も慎重に求刑を決定していますので、裁判所による量刑は求刑を一応の基準として決められているように思われ、実務上は、弁護人から主張される有利な情状を勘案して、検察官の求刑をやや下回る判決が出されることが比較的多いように、求刑が量刑に与える影響は大きいものと思われます（あくまでも俗にですが、「求刑の八掛けが判決」と言われたりもします）。

　しかも、求刑を上回る量刑がされるケースは、殺人や交通死亡事故、性犯罪などにおいて、事件や被告人に対する評価が検察官と裁判官との間で食い違った場合がほとんどであり、協議・合意制度の対象犯罪ではそのようなケースは比較的に少ないと思われます。

　また、求刑を軽くする合意が成立した事件であることは、当該被疑者等の裁判で、その旨が記載された合意内容書面が証拠として取り調べられることによって裁判所にも明示されることになります（→Q27）ので、裁判所はそのような経緯を認識したうえで量刑をすることになりますし、検察官は、場合によっては、合意をした被告人の量刑が適切なものとなるよう、求刑をする際、裁判所に対し、合意がなければしたであろう求刑もあわせて明らかにしたうえで、合意に基づいたものとしての求刑をするという方法をとることもあるようです（法務省刑事局長の平成27年5月27日衆議院法務委員会における答弁参照）。

3　求刑を上回る判決となった場合

　それでも、求刑を超える判決が出された場合、被告人は検察官と合意したメリットを実質的には受けられなかったことになりますので、合意から離脱することができるものとされています（法350条の10第1項2号ロ）。この場合、被告人は、検察官と合意した行為（供述、証言、証拠の提出など）をする必要がなくなります。

Q18 協議はどのようにして行われますか

A

　協議は検察官、被疑者等・弁護人のいずれからでも持ちかけることができます。協議においては、被疑者等からはどのような協力行為をすることができるかが、検察官からはどのようなメリットを与えることができるかが話されることになり、検察官と被疑者等・弁護人との間で「交渉」、「取引」が行われるというイメージに近いものです。

1　協議はどのようにして始まるのか？

　その運用は個別の事件によって異なるかと思われますが、まず、検察官の方が、捜査のターゲットと考えている「他人」の刑事事件について、何らかの情報を持っていて協議を持ちかけられそうな被疑者等をピックアップしたうえで、協議を持ちかけてくることが想定されます。

　しかし、それに限られるものではありません。特に、「他人」の刑事事件がまだ表面化しておらず、検察官がその概要すら把握していないようなケースにおいては、被疑者等の方から、自分の刑事責任を軽くしてもらうことを期待して、検察官に協議を持ちかけることもあり得ると思われます。

　協議が開始されることが決まり、協議が行われる場合には、弁護人が関与することが必要となりますが（法350条の4）、協議を持ちかける段階では必ずしも弁護人の関与は必要的とはされていません。しかし、協議は取調べとは明確に区別されるものであることからすると[10]、取調べの最中に検察官が被疑者に協議をもちかけたり、被疑者からの協議の申入れに検察

---

[10]　検察官としては、取調べの中で協議・合意制度に話が及んだ場合、後に、取調べで利益誘導されたなどと主張され、供述の任意性が争われるおそれがあるため、協議と取調べを厳格に区別した取扱いをするものと思われます。

官が応じたりすることはなく、協議に入るか否かの話も検察官と弁護人との間でされることになるものと思われます。いずれにしても、実際に協議をするに当たっては弁護人が重要な役割を果たしますので、早い段階から弁護人に相談することが必要です。

2　協議ではどのようなことが話されるのか？

　合意の前提となる協議では、被疑者等からは捜査・公判にどのような協力ができるか（→Q11）が、検察官からはどのようなメリットを与えられるか（→Q14）が話されることになります。この場合、検察官としては、被疑者等ができる捜査・公判への協力の内容に応じて与えるメリットの内容も考えるということになるでしょうから、まずは、被疑者等に対し、「他人」の刑事事件についてどのようなことを知っているのか、どのような証拠を提供できるのかを聴いてくることになるでしょう（法350条の5第1項参照）。そして、検察官は、被疑者等からの捜査・公判への協力が「他人」の刑事事件の立証のために必要・有効なものかを判断することになります。すでに検察官が同じような証拠を得ていたり、「他人」の刑事事件の立証にさほど有効ではないと考えたり、被疑者等が提供しようとする証拠が信用できないと考えるような場合には、検察官としては合意を成立させる意味がありませんから、協議打切りとなる可能性もあります。なお、ある程度協議が進んだ段階では、被疑者等自身が検察官に直接話をすることが不可欠と思われますが、どのタイミングで、どの程度の具体性をもって話をするかは被疑者等の利害にもかかわってきますので、初期の段階では弁護人を通じて検察官と協議をすることが望ましいと思われます。

　検察官が被疑者等に対し捜査・公判への協力を求めようとする場合には、与えることができるメリットの内容が提示されることになります。この場合、その内容が被疑者等の協力に見合うものか否かの判断が重要となりますし、与えられるメリットの種類についても検察官と交渉する余地もあり得ますから、具体的な内容についての協議も弁護人を通じて行うことが望

ましいと思われます。

　このように、協議は、検察官と被疑者等・弁護人との間で「交渉」、「取引」が行われるというイメージに近いものと理解するとわかりやすいかもしれません。

3　協議と取調べとの違い

　協議の場には弁護人が必ず同席しなければならないこととされていますし（法350条の4）、実務的には弁護人が検察官と協議することが中心となりますから、その性質は、検察官による追及の場である取調べとは明らかに異なります。また、一部の取調べについては録音・録画がされますが、協議の過程の録音・録画を義務付けることは想定されていません（→Q22）。

Column 5

犯罪の捜査において警察と検察はどのような関係にあるのですか

　捜査機関として真っ先にみなさんの頭に浮かぶのは警察でしょう。警察は多くの人員を全国の津々浦々まで配置し、窃盗、詐欺、交通事故、殺人、強盗、覚醒剤など社会において発生する数多くの、しかも多様な事件の捜査に当たっています。刑訴法においても、司法警察職員（警察官）の捜査権限が規定されており（189条）、警察は第一次捜査機関であるとされています。

　協議・合意制度の当事者である検察官も捜査権限を有していますが（法191条）、検察官による捜査については一般になじみが薄く、警察と検察とがどのような関係にあるのかはなかなかわかりにくい面があろうかと思います。

　典型的な捜査の流れを紹介しますと、日常的に発生する多くの事件では、人的にも物的にもリソースの豊富な警察が、捜索・差押、犯人の逮捕、取調べなどの捜査を第一次的に行い、事件の送致（送検）を受けた検察官が、自らまたは警察を指揮して、補充的・追加的に捜査を行ったうえで、起訴・不起訴を決めています。このように、多くの事案で、警察と検察が協力して捜査を行っているわけですが、特に複雑困難な法律解釈をともなう事件については、法律家である検察官が重要な役割を果たしており、警察に対し、事実関係に対する法律的な評価や公判での立証を見すえた証拠収集の在り方などについて助言・指導をしています。企業関連犯罪においても多くの事件ではこのような形で捜査が行われます。

　これとは別に、検察官が独自に捜査を行う場合があります。他の事件で得られた証拠や検察庁への告訴・告発、時には投書などをきっかけとして検察が独自に捜査を進め捜索・差押、逮捕といったことまで検察が行うものです。検察官が独自捜査で手がけるのは財政経済犯罪が中心であり（通常は、殺人、強盗、窃盗、放火、薬物事犯などを検察官が独自に捜査することはありません）、東京地検特捜部が手がけたロッキード事件、リクルート事件、ゼネコン汚職事件、など著名な企業関連事件も検察が独自に捜査をしたものです。

　その他、国税当局、証券取引等監視委員会、公正取引委員会などの行政機関による犯則事件（脱税事件や金商法違反、独禁法違反の罪に該当する事件）の調査・告発を受けて、検察官が捜査を行う場合もあります。

Q19 被疑者等は、協議・合意制度において、どのような点に留意すればよいのですか

A

　取引や交渉に近いイメージを持つ制度ですので、刑事事件に精通して捜査の実情にも詳しい弁護士と十分なコミュニケーションをとりながら、検察官から見ても証拠価値の高い供述や裏付け資料を提供する一方で、それに見合う、最大限のメリット（処分の減免）を得られるように、検察官の反応を見つつ柔軟に対応していくことが必要です。

　他方、供述等に真実ではない部分があると、処罰の対象になる可能性があります。

1　被疑者等の行う協力行為

　被疑者等は、検察官との間で、「他人」の刑事事件の解明に役立つ協力行為を行う見返りに軽い処分を受けることを合意し、その協力行為を行うことになります。その内容は、真実の供述または証言を行ったり、「他人」の関与を示す物証等の証拠やそのような証拠を捜査機関が確保するために役立つ情報を提供したりといったことです（→Q11）。

2　協議において留意しておくべき点
(1)　「取引」と似ている

　協議というのは、合意に至る過程で行われる検察官との話合いです。法律上、「取引」という文言は用いられませんでしたが、お互いに、相手方にとってメリットがあり、実行可能な行為を確認したうえで、それを守ることを約束するということですから、ギブアンドテイクの契約交渉に似ているといった方がわかりやすいかもしれません。

　協議の開始は、被疑者等（その弁護人も含みます）か、検察官のどちら

かからの申入れによってスタートしますが、同一の事案に加担した第三者（たとえば、他社またはその役職員）が先んじて合意制度を利用する可能性も考えられることから（第三者との合意が先にまとまった場合、検察官が当該被疑者等と重ねて合意するメリットなしと判断することもあり得ます）、場合によっては、被疑者等の側からオファーするのがよいかもしれません。もちろん、「他人」の刑事事件の解明に役立つ供述ができ、その裏付け証拠も持っていることが前提ですが、仮に合意のメリットを得たいと考えるのなら、できる限り、早く行動を起こすことが大切です。証拠価値というものは流動的で、時間の経過や他の証拠の集まり具合によって簡単に陳腐化してしまうことが少なくありませんので、協議を開始するかどうかの判断にあまり多くの時間を割くことは適切ではありません。

（2）弁護人との十分なコミュニケーション

協議には被疑者等の弁護人が関与することが不可欠ですが（法350条の4）、通常、弁護人は、問題となる事件の詳しい内容や背景事情などに詳しくありません。検察官との協議に主体的に対応するのは弁護人でしょうから、被疑者等は、検察官との協議に臨む前に、それらを弁護人に十分説明するとともに、被疑者等がどのような供述や証拠を提供できるのかをきちんと理解してもらっておく必要があります。できる限り軽い処分を得ようとするのであれば、検察官に対し、交渉材料として、自分の供述や提供できる証拠にいかに価値があるかを理解してもらおうとするのは当然のことで、弁護人にはこうした役割を十分果たしてもらわなければなりません。

（3）どんな供述、証拠を提供すればよいのか？

それらの供述や証拠に価値があり、かつ十分に信用できるということになれば、罪質にもよりますが、格段に軽い処分ですませることも可能になります。

たとえば、「他人」である首謀者に犯行を指示され、犯行後はその結果を報告したと供述するとともに、裏付けとなる文書やEメール等、信用性

を担保するに足りる内部資料を提出することなどです[11]。

　検察官としては、合意をするか否かを見極めるため、被疑者等の供述等の内容について裏付けをとるでしょうから、検察官等に協力行為の内容を具体的に話す必要がありますが、まだ合意に至ったわけではなく、自分の利害に大いに関係することですから、弁護人とよく相談しておく必要があるでしょう。

(4) メリットの確認（→Q16）

　また、合意したとした場合に予定される処分が本当に「軽い」といえるのかどうかを見極めるため、予定される処分の内容や同種事案における通常の処分との対比などについて、検察官から十分な説明を受けておくことも大事なことですし、この点についても、刑事実務に詳しい弁護人からアドバイスを得ておくことが大切でしょう。

3　合意において留意しておくべき点

(1) 弁護人の同意

　合意に際しても弁護人の同意が不可欠ですし、合意内容書面には被疑者等と弁護人の連署も必要です（法350条の3）。ですから、仮に合意成立前に弁護人が交代するなどした場合には、改めて弁護人を選任しなければ合意することはできません。

(2) 合意内容書面の確認

　合意内容書面には、被疑者等と検察官が互いに履行すべき行為の内容が

---

[11] 検察官は、合意する前提として、被疑者・被告人の供述内容が信用できるものかどうかを見極めるために必要な裏付け捜査を行います。その場合、協議にどのくらいの時間をかけられるかわかりませんし、取調べにより詳細な供述を得たり、その内容を供述調書として録取するのは合意成立後のことでしょうから、合意前の裏付け捜査においても、本格的な証拠化ではなく、その前段階の事実確認が中心になってくると思われます。もっとも、重要な証拠物が関係してくる場合には、検察官としては、これを早急に保全する必要がありますので、事実確認のうえ、直ちに合意し、速やかに押収手続に移るといったことになるでしょう。こうした事実確認の結果、被疑者・被告人の供述が信用できない、あるいは信用できるかどうか定かではないという場合には、検察官が合意に応じることはありません。したがって、検察官との合意を獲得したければ、供述だけではなく、その信用性を裏付ける具体的かつ客観的な証拠をあわせて明示していくというアプローチが有効だと考えられます。

記載され、後に合意違反があったかどうかを判断する際に重要になります。仮に、合意違反を認定されてしまえば、軽い処分ですませてもらうことができないうえ、虚偽供述等処罰罪（法350条の15）に問われるおそれがありますので、記載の正確性はよく確認しておかなければなりません。

　以上のように、協議と合意のいずれにおいても、弁護人の関与が不可欠であり、被疑者等の利益を最大限擁護する観点から検察官等との交渉も有利かつ適切に運ぶ必要がありますので、この制度においては、特に、刑事手続の実際や刑事事件の事実認定等に精通し、検察官等と対等なコミュニケーションをとることができる弁護士を確保することが最も肝心だといえるでしょう（→Q20）。

Q20 協議・合意制度において、弁護人はどのような役割を果たしますか

A

　法律上、弁護人は、被疑者等とともに、検察官との協議に参加し（法350条の4）、検察官と被疑者等との間で合意をするには、弁護人の同意がなければならないこととされています（法350条の3第1項）。このように、協議・合意制度において弁護人は極めて重要な役割を果たすことになりますが、それには、依頼者である被疑者等の利益を確保するという観点はもちろんのこと、第三者である「他人」を引っ張り込むことを防止するという観点からの役割も期待されています。

1　被疑者等の利益確保の観点から期待される役割

　合意をするため必要な協議の開始は、検察官から持ち出されることもありますし、被疑者等の側から持ち出されることもあります。いずれの場合も、法律の専門家ではない被疑者等は協議・合意制度の仕組みを理解できていない場合が多いでしょう。また、協議を始めることが自分にとって利益になるのか否かの判断がつかない場合も多いものと思われます。合意に至らなかった場合には、協議の過程でした供述などが使用されることはないとはいえ（→Q24）、第三者である「他人」の刑事事件の捜査・公判に協力することによって生じる有形無形の影響は否定できず（たとえば、そのような協力が判明することにより会社等の組織の中での立場が悪化することも想定されます）、被疑者等としては、当初からメリットが得られる見込みがない、あるいは得られるメリットに魅力がないとすれば、協議を開始すること自体を避けたいところです。

　そのため、弁護人は、まず、被疑者等に対して、協議・合意制度の仕組みをわかりやすく説明するとともに、被疑者等にとって協議・合意制度を

利用することの有利・不利を見極め、合意をすることによってどのようなメリットが得られる見込みがあるかといった点などについて的確なアドバイスをするという役割が期待されます。

また、実際に協議が行われる際には、被疑者等がする協力行為の内容やその見返りとして受けられるメリットの内容について、弁護人と検察官が交渉して具体的に決めていくということになるものと思われます。

2　第三者の引っ張り込み防止の観点から期待される役割

被疑者等が「他人」の刑事事件の捜査・公判に協力することの見返りとして、自分の事件を不起訴にしてもらうなどのメリットを得るという制度は、そのメリットを得たいがために無実の「他人」を引っ張り込む危険をはらんでいます。今回導入された協議・合意制度においては、このような危険があることを意識し、無実の「他人」を引っ張り込んでしまうことがないよう、いくつかの担保措置が講じられています（→Q37）。

被疑者等がメリットを得たいがために、虚偽の供述をしたり、虚偽の物証を提出するなどした場合には、虚偽供述等処罰罪（法350条の15）、偽証罪（刑法169条）、証拠隠滅等罪（同法104条）によって処罰される可能性があります。また、弁護人は、弁護士倫理上、無実の「他人」を罪に陥れることを避けなければならない義務を負っていると考えられます。したがって、弁護人としては、被疑者等の利益のためにも、自らの職業倫理のうえでも、被疑者・被告人の供述や提供する証拠の信用性を吟味し、疑問があれば、被疑者等を問い質し、真偽の確認などを行うことになると思われます。

また、検察官が「他人」の刑事事件の証拠を得たいがために、被疑者等を誘導して特定の供述を得ようとする事態も想定されないではありませんが、弁護人を協議・合意に必要的に関与させることにより、そのような事態が起きることを防止できると考えられています。

Q21 弁護人は合意後の取調べに立ち会うことができますか

A

わが国の捜査実務では取調べに弁護人が立ち会うことは認められていませんので、合意成立後に行われる取調べについても弁護人が立ち会うことを認めない運用がされるものと思われます。

1 取調べへの弁護人の立会いについて

米国では、最高裁判所によって示されたミランダ・ルールによって、身柄を拘束された被疑者には取調べに弁護人の立会いを求める権利があるとされており、米国以外にも取調べへの弁護人の立会いを認めている国があります。

わが国でも同様に弁護人の立会いを認めるべきだとする議論もありますが、他方で、弁護人が立ち会った場合には、取調官による発問と被疑者の応答によって事実関係を明らかにしていくという取調べの機能が損なわれるおそれや捜査の秘密が害されるおそれがあるとする懸念が主に捜査機関側から示されていることなどから、現在の捜査実務では弁護人の立会いは認められていません。また、刑事手続ではありませんが、公正取引委員会が行う独禁法違反の犯則調査における聴取時にも弁護人の立会いは認められていないのが実情です。

2 協議・合意制度における運用の見通し

協議・合意制度においては弁護人の役割は重要であり、協議には必ず同席しなければなりませんし（法350条の4）、合意をする場合も弁護人の同意がなければならないとされています（法350条の3）。

時として捜査機関と弁護人とが対立構造に立つこともある通常の捜査と

は異なり、協議・合意制度においては、捜査機関と弁護人とは交渉・取引の当事者という関係に立つわけですし、被疑者等も「他人」の刑事事件に関する取調べに限ってみれば捜査機関への協力者ということになりますから、その取調べに弁護人の立会いを認めたとしても、捜査機関にとって不都合は少ないようにも思われます。しかし、「他人」の刑事事件と被疑者本人の事件とは共犯事件であるなど何らかの関連性を持つことが通常であることから（→Q9）、現実には、合意成立後の取調べでは、「他人」の刑事事件に関する取調べと被疑者本人の事件に対する取調べが並行して行われることとなるでしょう。そうすると、合意後の取調べにおいても、通常の取調べの場合と同様に、弁護人の立会いは認めないという運用がされるものと思われます。

3　弁護人との情報共有の重要性

　実際の協議・合意制度の運用においては、弁護人が主体となって被疑者等の利益を図る観点から検察官と話合いをすることが多くなると思いますので、合意後の取調べがその趣旨に沿ったものとして行われているかを弁護人に確認してもらうことは大切ですし、意図しないとしても、被疑者等が「他人」の刑事事件に関し、誤った内容を検察官に伝えてしまうおそれもないわけではありません。

　協議・合意制度の運用を正しいものとし、被疑者等がその利用によるメリットを確実に得るためにも、合意後の取調べにおいて、「他人」の刑事事件に関してどのようなことを聴かれ、それに対してどのように答えたかということを弁護人と情報共有することにより弁護人から的確なアドバイスを受けつつ対応することは、極めて重要であると考えられます。

Q22 協議の様子は記録（録音・録画）されますか

A

　協議の様子は、一般的には録音・録画には適さないと思われます。ただし、運用上、協議の日時・場所、相手方、協議の概要が記録され、その記録は、合意に係る「他人」の刑事事件および合意の当事者である被告人の刑事事件の公判が終わるまでの間は保管されることとなります。

1　協議の録音録画

　最近では取調べの録音・録画が積極的に進められており、平成28年刑訴法改正によって、一定の犯罪については録音・録画が義務付けられるようになりました。協議・合意制度の対象犯罪についても、身柄拘束中の被疑者の取調べが行われる場合には、その状況が録音・録画されることが想定されますが、それは、あくまでも「取調べ」についてであり、「協議」の様子について録音・録画が義務付けられることはありませんし、一般的には録音・録画には適さないと思われます。

　その理由について、協議では、検察官と被疑者等およびその弁護人が、「他人」の刑事事件の捜査・公判に協力できる内容や、その見返りとなるメリットについての交渉が行われるのであり、いろいろな利害を考えながら相手方と交渉をする場面を録音・録画されてしまうのでは率直な話をすることができず、協議がうまく進まないことになってしまうという説明がされています。

2　協議の様子の記録化

　被疑者等の供述によって刑事事件に引っ張り込まれるおそれのある「他人」の立場からは、検察官による誘導や被疑者等の迎合を防ぐためにも協

議の様子について録音・録画することが必要との主張がされています。国会審議でもこの点が議論されましたが、法務当局からは、引っ張り込みを防ぐ制度的な手当ては十分にされており（→Q37）、弁護人が参加する協議において誘導や迎合が起こる危険性は極めて少ないとして、そのような観点から録音・録画を義務付ける必要はないという説明がされています。

　ただし、協議・合意制度の実施は捜査における重要な事柄であることから、法務当局も、協議の過程について適切に記録する必要を認めています（法務省刑事局長の平成27年8月5日衆議院法務委員会における答弁）。ここで記録される内容としては、協議の日時・場所、相手方、協議の概要が想定されており、この記録は、当該合意に係る「他人」の刑事事件および当該合意の当事者である被告人の事件の公判が終わるまでの間は保管されることになります。

> **MEMO** －取調べの録音・録画とは－
>
> 　取調べの録音・録画とは、取調べの様子を録音・録画するものです。従来から、取調べについては、「威圧的な取調べがされた」、「話していない内容が供述調書に記載された」などとする主張が被疑者・被告人からされることが多く、供述調書の任意性および信用性を確保するために、平成21年4月から検察庁における取調べの録音・録画の試行が開始され、順次、その範囲が拡大されてきました。当初は裁判員制度対象事件に限定されていましたが、その後、検察官による独自捜査事件（以下「独自捜査事件」といいます）などにも拡大され、最近では、罪種に限らず身柄拘束中の被疑者の取調べの多くについて録音・録画が実施されています。平成28年改正刑訴法では、身柄拘束中の被疑者について裁判員制度対象事件および独自捜査事件で取り調べる場合に、原則として、その取調べの全過程の録音・録画を義務付けるものとされました（法301条の2参照）。この改正部分が施行される平成31年6月以降は、法律上義務化された範囲で録音・録画が行われることとなりますが、運用上は、それより広い範囲で録音・録画がされることになると思われます。

Q23 協議に入ったら、事実上、合意しなければならなくなるのでしょうか

A

　合意は、検察官と被疑者等およびその弁護人が同意することによって成立するものであり、いずれかの一方が合意の成立を望まない場合には合意不成立となりますので、協議に入ったとしても、必ずしも合意しなければならなくなるということはありません。

1　被疑者等が合意を望まない場合

　協議が開始された場合、検察官としては、被疑者等が提供できる捜査・公判への協力の内容に応じて与えることができるメリットの内容も考えるということになるでしょうから、まずは、被疑者等に対し、「他人」の刑事事件についてどのようなことを知っているのか、どのような証拠を提供できるのかについて供述を求めてくることになるでしょう（法350条の5第1項参照）。そして、その証拠が「他人」の刑事事件の捜査・公判に役立つと判断した場合には、検察官から、被疑者等に与えることができるメリットの内容を提示することになります。被疑者等およびその弁護人は、そのメリットが「他人」の刑事事件の捜査・公判への協力の見返りとしては物足りないと考える場合には、合意をしないという対応をすることが可能です。

　また、被疑者等およびその弁護人は、いったん協議に入ったとしても、協議の継続や合意を強制されるものではなく、いつでも、自由に、協議を打ち切ることができます。この場合、当然のことながら、協議・合意制度によるメリットは得られませんが、「他人」の刑事事件の捜査・公判に協力することによって生じるデメリットを考え、合意をしないという選択肢も残されています。

いずれにしても、合意を成立させるか否かは被疑者等の利害に重大な影響を与えるものですので、弁護人と十分相談することが大切です。

2 検察官が合意を望まない場合

　検察官は、協議・合意制度によって、「他人」の刑事事件の立証に役立つ証拠を得ることを目的としています。そして、この証拠は、被疑者等が軽い処分を受けることを目当てに提供されるものですので、その信用性については相当慎重に判断されることになります。検察官としては、被疑者等から得られる見込みの供述や証拠について、協議と並行して、可能な範囲で裏付け捜査を行い、十分信用性があると見極めた場合でなければ合意を成立させることはないと思われます。

　したがって、被疑者等の供述が虚偽のものであると疑われるような場合はもちろん、供述自体に信用性は認められるものの、これを補強するような裏付け証拠が不十分である場合には、合意しないということも考えられます。

　また、被疑者等の協力の見返りとして被疑者等に与えることができるメリットは、被疑者・被告人の刑事事件の罪質や犯情（犯行の態様、犯行の動機、犯行の結果等の犯罪行為自体に関する事情）等も踏まえ、協力の程度に見合ったものでなければなりません。

　そのため、たとえ、被疑者等の協力がある程度有益なものであったとしても、検察官において、被疑者等が望むメリットが協力の程度に比べて過大であると判断した場合には、合意には至らないでしょう。

Q24 協議の結果、合意は成立しなかった場合、被疑者等が協議で話した内容などは、どのように取り扱われるのですか

A

　検察官と被疑者等および弁護人が協議に入ったものの、話がまとまらず、合意には至らなかった場合、被疑者等が話した内容などを証拠として使うことはできません（法350条の5第2項）。

1　協議における供述とは

　検察官は、協議のなかで、被疑者等に対し「他人」の刑事事件について供述を求めることができます（同条1項）。これは、供述調書の作成等の証拠化[12]を予定した、いわゆる取調べではなく、検察官として被疑者・被告人が、合意の内容として、どのような供述ができるのかを確認するためです。

2　合意が成立しなかった場合の取扱い

　このように協議の過程で被疑者等から得られた供述については、その後、合意が成立しなかった場合、当該被疑者等との関係でも、また、「他人」の刑事事件との関係でも証拠として用いることはできません（同条2項）。これは、仮に合意が成立しなかった場合にも、検察官がその供述を自由に証拠とすることができるとなると、被疑者等としては、協議における供述、ひいては合意制度の利用自体をちゅうちょすることになりかねないからです。そもそも、フェアなやり方とはいえません。

　ただし、その供述等が、たとえば犯人蔵匿等（刑法103条）、証拠隠滅等（同法104条）、虚偽告訴等（同法172条）などの犯罪に該当する場合、その犯罪自体の証拠として用いることは許されています（法350条の5第3項）。

---

[12]　書面に記録するなど法廷において証拠調べができる状態にすることをいいます。

3 「証拠とすることができない」の意味するところは何か？

　法350条の5第2項は「これを証拠とすることができない」との文言となっていますが、具体的にはどういうことを意味するのでしょうか。

　協議は、証拠化を予定とした、いわゆる取調べではありませんので、供述調書は作成されず、そもそも、そのような形で証拠として利用されることはないことになります。

　それでは、そのような供述内容そのものは供述調書にされないとしても、これを一種の情報あるいはその後の捜査の端緒として利用する場合はどうでしょうか。

　仮に、そのような情報から派生的に得られた証拠の利用を一切禁止するということになると、捜査活動への支障が大きく、行きすぎのように思われます。この点に関し、法制審議会の特別部会における議論のなかで、事務当局担当者から、協議における供述から生じた証拠はおよそ使えなくなるということになれば、検察官は合意に至らない自由を失ってしまうに等しく、制度としてはあまりに偏ってしまうので、当該供述そのものの利用を禁止するにとどめるのが適切であるとの認識が示されています。これを前提とすれば、合意が成立しなかった場合でも、協議の際の供述内容を手がかりに、別の関係者を取り調べて作成した供述調書や、任意提出を受けあるいは捜索押収した証拠物などの利用は禁止されないことになります。

　なお、合意不成立後の取調べにおいて、被疑者・被告人が改めて協議においてしたのと同様の供述をした場合については、その供述を証拠とすることは可能とされています（平成27年5月27日衆議院法務委員会における法務省刑事局長の答弁）。

Q25 警察は協議・合意制度に関与しないのですか

A

　司法警察員は、検察官が認めた範囲で、協議の過程において被疑者等の供述を求めたり、被疑者等に対して与えることのできるメリットの内容を提示することがあります。

1　検察官と警察官の協議

　法律上、協議・合意制度の捜査機関側の主体は検察官ですが、独自捜査事件などと呼ばれるごく一部の事件を除いては、刑事事件の捜査の大部分は警察が行っています（→Column 7）。また、検察官は、協議・合意を持ちかけられそうな被疑者について実際に捜査の対象となっている事件の状況はおおむね把握しているでしょうが、その事件に第三者が関与している可能性、被疑者に別の犯罪（余罪）の疑いがあるなどといった情報を常に把握しているとは限りません。そのため、協議・合意制度を利用すること（たとえば、その被疑者を不起訴にして釈放すること）が適当か否かを的確に判断するに当たっては、司法警察員の意見を聴くことが必要となります。

　そこで、協議・合意制度では、検察官が、警察が捜査した事件について被疑者との間で協議を行おうとするときは、あらかじめ、司法警察員と協議[13]しなければならないこととしています（法350条の6第1項）。

2　司法警察員の協議への関与

　協議において、検察官は、被疑者等が「他人」の刑事事件についてどのようなことを知っているのか、どのような物証を提供することができるの

---

[13]　この「協議」は、検察官と被疑者等とが行う「協議」とは異なり、検察官と司法警察員との間で協議・合意制度を利用することの可否などを話し合うものです。

かなどについて供述を求めることになります（法350条の5）。

　これによって、「他人」の刑事事件の立証に役立つ証拠が被疑者等から得られるかを見極めるのですが、実際の捜査においては、協議・合意制度の利用によって証拠を得ようとしている「他人」の刑事事件についても、警察の方が背景事情なども含めた詳細な情報を持ち、裏付け捜査も警察が実施することが多いため、被疑者等から得られる可能性のある証拠の価値も的確に評価できる場合も多いと思われます。そのような場合には、司法警察員が被疑者から直接供述を得ることが適当と考えられますので、検察官は、「他人」の刑事事件について司法警察員が現に捜査していることなどを考慮して、協議において、被疑者等から供述を求めることなどを司法警察員にさせることができるとされています（法350条の6第2項）。

　また、この場合、検察官が協議の過程で被疑者等に与えることができるメリットの内容を示しながら交渉するのと同じように、司法警察員としてもメリットを提示することが必要となりますので、司法警察員は、提案できるメリットとして検察官から示された内容を被疑者等に提示することができることとされています（同項）。

　以上のとおり、司法警察員が協議に関与する場合がありますが、この制度の主体はあくまで検察官ですから、検察官が許可したときに限られます。

> **MEMO** －司法警察員とは－
> 　司法警察員とは、刑事訴訟法上、捜査の主体となる警察職員のうち、重要な事項を行うことができるとされている職員のことを言います。一般的に言えば、巡査部長以上の階級にある警察職員がこれに該当します。

Q26 検察官との「合意内容書面」にはどのようなことが記載されるのですか

A

　双方の合意内容、すなわち被疑者等の協力内容とその見返りとして検察官によって与えられるメリット（軽い処分）の内容が記載されることになります。

1　合意の内容

　被疑者等による協力内容としては
・取調べに対し真実の供述をすること
・証人尋問において真実の供述（証言）をすること
・証拠の提出その他の必要な協力
が掲げられています（法350条の2第1項1号）。

　他方、検察官によって与えられるメリット、つまり軽い処分の内容には
・不起訴
・起訴の取消し
・軽い罪で起訴し、これを裁判で維持すること
・起訴後、裁判で軽い罪に変更等をすること
・軽い求刑意見を述べること
などがあります（同項2号）。

2　合意内容書面の記載内容

　検察官と被疑者等および弁護人の間で合意した内容を書面にしたものを合意内容書面といいます（法350条の3第2項）。この合意内容書面には、まず、処分の軽減等の対象となる被疑者等の事件を特定する内容の記載が必要ですし、また、解明の対象となる「他人」の刑事事件の内容もできる

限り具体的な事実が記載されることが必要です。

そして、これらの双方の合意内容、つまり約束事項が合意内容書面に記載されることになります。

被疑者等の行う「真実の供述」に関し、刑訴法改正案の国会審議の過程で、法務省刑事局長が、「合意の内容とすることができるのは、特定の内容の供述をすることではなくて、あくまでも真実の供述をすること、すなわち自己の記憶に従った供述をすることでございます。したがいまして、その合意内容書面において（中略）記載する際も、被疑者、被告人がすると見込まれる供述の内容を記載するのではなくて、まず解明の対象となる事件を特定したうえで、その事件について自己の記憶に従った供述をする旨を記載することとなります」と答弁しています（平成27年7月3日衆議院法務委員会）（→Q11）。

これを前提にすると、被疑者等が行う真実の供述等の具体的な中身は合意内容書面には記載されることはなさそうです。

他方、検察官の約束するメリットの中身については、たとえば、起訴を猶予するのか、どのような罪で起訴するのか、どういう求刑をするのかなどについて、ある程度具体的に記載することが必要になります。

なお、合意内容書面の記載事項に含まれるかどうかは現段階では定かではありませんが、たとえ記載事項に含まれなかったとしても、合意を成立させるためには、検察官の予定する処分が合意がない場合より軽いものになるということ、たとえば、合意がなかったとした場合の求刑の内容をあわせて被疑者・被告人および弁護人に明らかにし、今回の求刑がそれより軽減されたものであることを検察官から少なくとも何らかの形で示してもらう必要があると思われます。

Q26

Q27 合意内容書面は、刑事訴訟手続のなかで、どのように取り扱われるのですか

A

　合意内容書面は、協議・合意した被疑者等の刑事事件の裁判でも、「他人」の刑事事件の裁判でも、証拠として取り調べられます（法350条の7、350条の8）。

1　合意内容書面の持つ意味

　合意内容書面は、検察官と被疑者等および弁護人の間で合意した内容を書面（法350条の3第2項）（これを「合意内容書面」といいます）で明確にすることを目的として作成されます。つまり、この書面は、犯罪事実を認定するための証拠ではなく、手続的な書類です。

2　合意内容書面は手続のなかでどのように使われるのか？

(1) 当該被疑者・被告人の裁判において

　合意内容書面は、当該被疑者が合意後に起訴されて裁判になった場合、その裁判で証拠として取り調べられますし、起訴された後に合意をした被告人の場合も同様です（法350条の7第1項）。合意がされた事件であることを手続的にも明確にしておくためです（→Q4）。なお、合意からの離脱は書面による告知により行われますが（合意離脱告知書）、手続の明確化の観点から、その告知書面の取調べもあわせて行われます（同条第2項、第3項）。

(2) 「他人」の裁判において

　また、合意内容書面は、「他人」の刑事事件の裁判でも証拠として取り調べられます（法350条の8、350条の9）。これは、合意に基づく供述や証

言というものは、自分の罪を軽くするという動機に基づき、「他人」を犯罪に引っ張り込んだり、責任を転嫁するために、虚偽の内容が含まれている危険性があるため、裁判所や当該「他人」とその弁護人にオープンにし、その信用性を厳密に評価してもらうという趣旨に基づきます。

　この点に関し、国会審議の過程において、法務省刑事局長が、「この合意制度につきましては……被疑者、被告人が虚偽の供述をして第三者を巻き込むおそれがある……。そのようなことが生じないように……次のような手当てをしているところでございます。……この合意に基づく供述が他人の公判で使われるときには、合意内容が記載された書面が、……当該他人およびその弁護人にも、またその他人の審理をする裁判所にもオープンにされる仕組みとしております。……その結果、当該他人およびその弁護人による反対尋問等を通じまして、供述の信用性が厳しく吟味され……また、裁判所といたしましても、そのような供述の経緯を把握したうえで、信用性を慎重に判断することとなります」旨答弁しているところからも（衆議院法務委員会平成27年5月27日）、合意内容書面の裁判における取調べは、虚偽供述による引っ張り込み防止のための重要なセーフガードとして位置付けられていることがわかります（→Q37）。

　なお、合意からの離脱があった場合、離脱理由告知書面の取調べが行われることは上記（1）の場合と同様です。

（3）その他

　合意に基づき作成された供述調書を「他人」の事件の令状請求の疎明資料として使う場合、合意内容書面もあわせて裁判所に提出することになるとされています（平成28年4月21日参議院法務委員会における法務大臣の答弁）。

Q28 合意の内容には、協力行為およびメリット以外は含まれないのですか

A

合意の内容には、協力行為およびメリット以外に、合意の目的を達するため必要な事項を含めることができます（法350条の2第3項）。

1 合意の内容に付随事項を含めることの必要性

検察官と被疑者等との間での合意の基本となる内容は、被疑者等が行う協力行為とその見返りとして被疑者等に与えられるメリットということになりますが（法350条の2第1項）、事案によっては、これらに付随して、合意の目的を達成するために必要となる事項（以下「付随事項」といいます）を合意内容に含める必要が生じることが考えられます。

法350条の2第1項1号ハには、被疑者等の協力行為として、「検察官、検察事務官または司法警察職員による証拠の収集に関し、証拠の提出その他の必要な協力をすること」が掲げられています。検察官等に対する証拠の提出に関連する行為は本来的な協力行為（この内容については→Q11）となりますので、付随事項はそれ以外の協力行為ということになります。

なお、身柄を拘束されている被疑者等にとっては、身柄拘束を解いてもらうこと自体が重大な関心事ではありますが、拘留中の被疑者等を釈放することは、法律上、メリットとして定められていませんし、また、「合意の目的を達するため必要な事項」とも言えませんので、これを付随事項とすることはできません。

2　付随事項の具体例
（1）被疑者等が行うものとする付随事項
・犯則調査機関の質問調査に際して真実を供述すること

　捜査機関の取調べに際して真実の供述をすることが協力行為とされているように（法350条の2第1項1号イ）、捜査機関の捜査に先行して犯則調査が行われる場合には、国税当局、公正取引委員会、証券取引等監視委員会などの犯則調査機関の質問調査（→Column 8）に際して真実の供述をすることも付随事項となり得ます。

・協力行為が終了するまでは所在場所を検察官に通知すること

　企業関連犯罪においてはあまり想定されませんが、薬物犯罪などの組織犯罪においては身の安全を確保するために従来居住していた場所から所在場所を変更することなども考えられます。このような場合、被疑者等が行うという合意をした協力行為が終了するまでは、検察官に所在場所を通知することが求められ、これも付随事項となり得ます。

（2）検察官が行うものとする付随事項
・証人尋問を行う際に遮蔽措置の申立てをすること

　犯罪の性質、証人と被告人との関係などの事情によっては、証人が法廷にいる被告人の目の前では証言をしにくいということもあり得ます。企業関連犯罪においても、上司と部下、同業関係にある者同士ということから、このような状況も起こり得ます。このような場合、被告人との間に遮蔽板を設けて証人尋問を実施することがあります（法157条の5第1項）。被疑者等が証人として「他人」の刑事事件の公判において真実の証言をしやすい環境を整えるため、検察官が、裁判所に対し、この遮蔽措置を行うよう申し立てることも付随事項となり得ます。

Q29 いったん、合意しても、後で離脱することはできますか

A

相手方に合意違反があった場合など法律に定められた事由があれば、合意から離脱することができます。

1 合意からの離脱が認められる理由

いったん、検察官と被疑者等が合意に至った後、相手方に合意違反、つまり互いに約束した事項を相手方が守らない場合や合意時の想定とは異なる事態が発生した場合でも、合意の拘束から免れないとするのは不合理ですので、一定の場合には、合意から離脱することが認められています。

2 合意からの離脱事由 (法350条の10)

(1) 検察官と被疑者等に共通する事由 (同条1項1号)

一方の当事者が合意事項に違反した場合には、相手方は合意から離脱できます。たとえば、被疑者等が合意していた供述や証拠の提出を拒んだり、検察官が合意に反して起訴したりした場合です。

(2) 被告人の離脱事由 (同条1項2号)

被告人は、裁判所が検察官の意見に従わなかった結果として合意された内容が実現されなかったときなどにも、合意から離脱できます。すなわち、裁判所が、訴因や罰条の追加、撤回、変更を許可しなかった場合（同号イ）、検察官の求刑より重い判決を下した場合（同号ロ）、即決裁判手続の申立てを却下しまたは取り消した場合（同号ハ）、略式命令請求をした事件につき通常の審判手続をとることとした場合（同号ニ）です。

(3) 検察官の離脱事由 (同条1項3号)

検察官は、被疑者等の協議での供述内容や合意に基づく供述内容が後に

真実でなかったことが判明した場合（同項3号イ、同号ロ前段）、合意に基づき提出した証拠が後に偽造や変造されたことが判明した場合（同号ロ後段）に、合意から離脱できます。

3 離脱の効果

前記のとおり、検察官に合意違反がある場合、被疑者等に離脱が認められますが、その場合、被疑者等は協力行為を行う義務から解放されます。すでに協力行為として供述や証拠を提出している場合でも、それらを証拠として使うことはできません（法350条の14第1項）。また、検察官が不起訴合意に違反して起訴したときなどは公訴棄却等となり（法350条の13）、合意によるメリットとほぼ同様の効果が得られます[14]。もっとも、検察官が一方的な合意違反をするということは通常考えにくいでしょう。むしろ、検察官としては、被疑者等の側に合意違反がある、つまり、被疑者等が十分な供述や証拠提出をしないとか、虚偽の供述や偽造等のある証拠を提出したと主張して離脱したうえ、通常の処分をした結果、合意違反をめぐる争いが生じることが多いと推測されます。

他方、被疑者等に合意違反があった場合、検察官に離脱が認められますので、検察官は、被疑者等を軽く処分する必要はなくなります。すでに軽い処分をしてしまった場合、不起訴処分であれば、これを見直し、改めて起訴処分をすることも可能ですが、裁判において軽い刑罰が確定してしまったときには、一事不再理により、改めて裁判をやり直すということはできません（→Q11、Q31）。ただし、被疑者等が虚偽の供述をしたり、偽造した証拠を提出していたような場合（前記2の（3））には、虚偽供述等処罰罪で処罰される可能性があります（→Q38）。

---

[14] 検察官が軽い求刑をするとの合意に反しそれより重い求刑をした場合でも、最終的に軽い量刑を得られるような制度的手当ては特段なされていません。しかしながら、合意離脱書面は当該被告人の事件の裁判で必ず取り調べられるようになっていますので（法350条の7第3項）、仮に検察官の合意違反が認定された場合、その事実は裁判所の量刑判断に少なからず影響することになると考えられます。

Q30 合意が離脱により終了した場合、それまでの供述やすでに提出された証拠物などの取扱いはどうなりますか

A

　当事者（検察官、被疑者等）は、相手方が合意に違反した場合、合意から離脱することができますが（→Q29）、それまでに検察官に提供された証拠がある場合、その取扱いは、どちらの当事者が合意に違反したのかによって異なることになります。

1　被疑者等が合意に違反した場合

　被疑者等が、協議において供述した内容が真実でないことが後に判明した場合や、合意に基づいて供述した内容が真実ではなかったり、あるいは合意に基づいて提出した証拠が偽造・変造したものであることが後に判明した場合には、検察官は合意から離脱することができます（法350条の10第1項3号）。もっとも、これらの証拠は基本的には信用できないものですから、検察官が「他人」の刑事事件の立証に用いることはあまり考えられません。

　それでは、仮に、このような証拠が「他人」の刑事事件で取り調べられた後に上記の事実が判明した場合はどうなるでしょうか。

　合意からの離脱は書面による告知により行われますが（同条2項）、この書面も、合意内容書面とともに、「他人」の刑事事件の裁判に提出されることになっています（法350条の8、法350条の7第2項、3項）。これにより、被疑者等に上記の合意違反があった事実は、「他人」の刑事事件を審理する裁判所にもわかりますので、当該証拠が信用できないものであることも当然認識されることになります（→Q27）。

　なお、被疑者等が、合意したにもかかわらず、それに従って供述をしない、あるいは証拠の提出を拒んだ場合、これも合意違反になりますが（法350条の10第1項1号）、通常、その段階では、未だ「他人」の刑事事件の

裁判に使えるだけの証拠は得られていませんので、証拠の取扱いが通常問題になることはないと思われます（もっとも、離脱により合意は将来に向かって解消され、それ以前に得られた証拠に影響を及ぼしませんし、被疑者等が合意した協力行為の一部は履行するが、そのほかは協力を拒むということもあり得ますので、その段階で検察官において立証に使える証拠があると判断する場合には、その利用は妨げられません）。

2　検察官が合意に違反した場合

　検察官に合意違反があった場合、検察官は、被疑者等が協議においてした供述や合意に基づいてした供述または提供した証拠をその被疑者等の刑事事件の裁判でも、「他人」の刑事事件の裁判でも、証拠として用いることはできません（法350条の14第1項）[15]。検察官による合意の履行を確保するため、このような制限が設けられました。

　ただし、被疑者等や「他人」に異議がない場合には、証拠として使うことも許されます（同条2項）。これは、検察官の事後的な合意違反によって、被疑者等の供述・証言や提供した証拠の信用性そのものがなくなってしまうわけではないため、仮に当事者に異議がないのであれば、証拠とすることも認めてもよいという意図に基づきます。

　なお、被疑者等が合意どおりに協力行為をするのであれば、検察官として、あえて合意違反をするということは基本的に考えられませんので、実際上は、検察官に合意違反があるように見えるケースは、検察官において被疑者等が十分な協力行為をしないと判断して合意から離脱した場合に生じるのではないかと思われますので、前記1のとおり証拠の取扱いが問題になることはないのではないかと思われます。

---

[15]　たとえば、検察官が不起訴の合意をしていたにもかかわらず、被疑者等を起訴する処分を行った場合などは、被疑者等の裁判では公訴棄却の判決がされますし（法350条の13第1項）、そうでない場合であっても（同条2項）、「他人」の関与を示す供述や証拠それ自体が被疑者等の裁判でどうしても必要になるものではありませんので、主として、「他人」の刑事事件の裁判で証拠として利用できないとされることに意味があると考えられます。

Q31 被疑者等が、合意に基づき軽い処分を受けたにもかかわらず、合意内容を守らない場合、どうなりますか

A

　被疑者等が合意に基づき軽い処分を受けたのに、合意した協力行為を行わない場合、その処分の見直しが行われなければ、不公正な結果を招きます。そこで、不起訴処分の場合には改めて起訴が検討されることになりますし、裁判ですでに軽い判決を受けてしまった場合には、確定前であれば、検察官が量刑不当で控訴申立て等を検討するでしょう。ただし、その裁判が確定してしまった場合は、一事不再理の原則により、裁判のやり直し自体は認められていません。

1　合意違反の効果

　一方の当事者が合意内容を守らない場合（合意違反）、他方の当事者は合意から離脱することができます（→Q29）。

　合意から離脱すれば、当事者双方は互いに合意内容に拘束されることはなくなりますので、被疑者等は協力行為を行う必要はなくなり、検察官は被疑者等にメリットを与える必要はなくなります。

2　すでに軽い処分を受けた被疑者等が、合意内容を履行しない場

(1) 不起訴処分の場合

　被疑者等が合意に基づき自分の刑事事件を不起訴処分にしてもらったにもかかわらず、①「他人」の刑事事件に関する供述または証言をしない、あるいは証拠の提供を拒んだ場合（法350条の10第1項1号）や、②被疑者等が虚偽の供述や証言をし、または偽造・変造された証拠を提出した場合（同項第3号）、検察官は、合意から離脱したうえ、不起訴処分を見直し（こ

れを「再起」といいます)、改めて当該事件を起訴することができます。

(2) 軽い罪での起訴や軽い罪への訴因変更あるいは軽い求刑の場合で、すでに当該被疑者等に対し軽い量刑による判決が言い渡されて確定してしまったとき

　この場合には、一事不再理の原則により、被疑者等の裁判をやり直すことはできません(→Q11)。

　被疑者等が虚偽の供述や証言をし、または偽造・変造された証拠を提出した場合には、被疑者等は偽証罪（刑法169条）や虚偽供述等処罰罪（法350条の15第1項）等により処罰される可能性はありますが、被疑者等がそもそも協力行為をしない場合（供述・証言や証拠提出の拒否）には、「逃げ得」を許す格好になってしまいます。おそらく、検察官としてはそのようなことが起こらないように、合意に至る前に、被疑者等の協力姿勢ないし合意履行の確実性を慎重に吟味するでしょうし、被疑者等に対し判決が言い渡される前に、被疑者等による協力行為が実行されるよう、手続の進行を調整するといった工夫をするでしょうから、実際にそのような事態が生じる可能性は高くないと思われます。

　なお、被疑者等に対する判決が確定する前であれば、検察官としては当該判決について量刑不当による控訴申立て（法382条の2）を検討することになると思われます。

Q32 合意に基づいて不起訴となった事件について検察審査会で起訴相当などの議決がされた場合はどうなりますか

A

合意に基づいて不起訴となった事件について、検察審査会による起訴相当、不起訴不当の議決がされた場合には、合意は効力を失います（法350条の11）。

1 検察審査会への申立てと議決

不起訴とする合意に基づいて検察官が事件を不起訴とした場合であっても、その不起訴処分に不服がある被害者等は、検察審査会（→Column 5）に審査の申立てをすることができます（検察審査会法30条）。

申立てを受けた検察審査会は、審査の結果、起訴が相当であるという議決（起訴相当議決）、不起訴が不当であるという議決（不起訴不当議決）、不起訴が相当であるという議決（不起訴相当議決）のいずれかをすることとなりますが（同法39条の5第1項）、起訴相当議決または不起訴不当議決がされた場合には、検察官は、その議決を参考にして、起訴すべきか否かを検討し、改めて起訴・不起訴の処分をしなければなりません（同法41条）。

2 合意の失効

検察審査会が起訴相当議決または不起訴不当議決をした場合には、その事件について成立した合意は効力を失います（法350条の11）[16]。この場合にまで不起訴合意の効力が維持され、再度の処分時にも検察官がその履行を

---

[16] このほかに、起訴議決（検察審査会法41条の6第1項）がされた場合にも合意の効力が失効するとされていますが、これは起訴相当議決がされた後の再捜査において、不起訴とする合意が成立した場合のことを想定したものと考えられます。もっとも、起訴相当議決がされた事件について、「他人」の刑事事件の捜査・公判に協力することの見返りとして、その段階で、不起訴の合意をするというケースは、実務上、あまり想定されないと思われます。

義務付けられるとすることは、不起訴処分の当否について民意を反映させるという検察審査会制度の趣旨に根本から反することになるからです。

したがって、検察審査会が起訴相当議決または不起訴不当議決をした事件については、検察官・被疑者等の双方ともに、その前になされた合意に拘束されることがなくなり、検察官は起訴をすることが可能となりますし、被疑者等もそれ以降は協力行為をする必要がなくなります。

3　供述等の扱い

検察審査会の起訴相当議決または不起訴不当議決を受けて再検討した結果、検察官がその事件を起訴した場合でも、起訴されて被告人となった者（以下「当該被告人」という）が協議においてした供述、合意に基づいてした協力行為により得られた証拠、これらに基づいて得られた証拠（派生証拠）は、原則として、当該被告人の刑事事件において証拠として用いることができません（法350条の12第1項）。

もっとも、①検察審査会の議決の前にした当該被告人の供述が虚偽であったり、提出された証拠が偽造・変造されたものであった場合、②当該被告人が合意に基づくものとしてした協力行為（供述、証拠の提出等）が虚偽供述等処罰罪（法350条の15第1項）、犯人蔵匿罪（刑法103条）、証拠隠滅罪（同法104条）、偽証罪（同法169条）、虚偽告訴罪（同法172条）等に該当する場合において、これらの罪に係る事件において用いるとき、③証拠とすることについて当該被告人に異議がないときには、当該被告人の刑事事件において証拠とすることができます（法350条の12第2項）。

このように、合意した当該被告人との関係では証拠の使用に制限がありますが、合意に基づいて得られた証拠を「他人」の刑事事件の証拠として使用することについて制限する規定はありません。したがって、検察官は、検察審査会の議決によって合意の効力が失われたとしても、被疑者等の協力行為によって得られた証拠を「他人」の刑事事件の捜査・公判に使用することはできることになります。

Q33 協議・合意制度は独禁法上の課徴金減免制度（リーニエンシー）とはどこが違うのですか また、独禁法違反事件において、どのように位置付けられますか

A

	対象	要件	効果
リーニエンシー（課徴金減免制度）	事業者	自己の違反事実の申告	課徴金の減免 ・第1順位なら、全額免除プラス刑事告発も免れる ・第2〜5順位も所定の割合による減額
協議・合意制度	行為者 事業者	他人の犯罪の供述等	不起訴、軽い求刑

◆第2順位以降は、不起訴等を確保するためには、引き続き、捜査機関への協力が重要となる。

1 独禁法上の課徴金減免制度（リーニエンシー）（独禁法7条の2第10項〜18項）との関係

　独占禁止法（独禁法）上の課徴金減免制度（減免制度）とは、違反行為に関する情報を積極的に得られるようにするため、自らの違反行為について公正取引委員会（公取委）に報告した事業者に対し課徴金を免除または減額する制度です。

　減免制度は行政、協議・合意制度は刑事といった性質の違いはありますが、処分を軽減する代わりに違法行為の解明の手がかりを得るという点で共通した特徴があります。相違点は、減免制度の方は対象が事業者ですが、協議・合意制度の対象は行為者個人と両罰規定（→Q8）がある場合の事業者です。また、減免制度では自らの違反事実を申告することが求められ、

協議・合意制度の方は「他人」の刑事事件の捜査・公判への協力が要件です。減免制度で第1順位になれば、課徴金は全額免除、公取委は告発もしない方針ですので、協議・合意制度の利用の必要はありません。しかし、第2順位以降や減免制度を利用しなかった場合は刑事告発の可能性があるため協議・合意制度への対応が必要です。

以上からすれば、減免制度は、自己負罪型（→Q36）の制度に似ていますが、共同行為に限って適用されることから、違反行為の報告と資料の提供は同時に他の加担事業者の違反事実も明らかにすることになり、公取委もそれを求めていますので、捜査公判協力型である協議・合意制度と同様の機能も果たすものと評価できます。

2 独禁法違反における協議・合意制度の手続的な位置付け

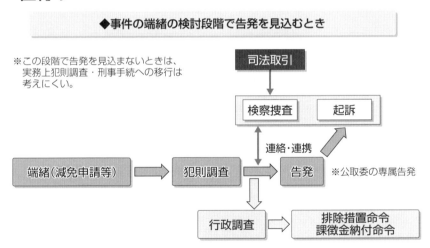

- 犯則調査中に検察と連絡・連携、その間に検察の捜査も進行。
- （正式な）告発は起訴と同時かその直前に行われることが多い。

犯則調査は刑事告発を目的とし、通常、その後に刑事手続が予定されています。減免申請などを事件の端緒に公取委が犯則調査を開始しますが、

この調査の間に検察と必要な連絡がとられ、捜査も併行して進められます。協議・合意制度はこの検察捜査の過程で登場します。最終的に十分な証拠がそろうと、正式告発を経て起訴されます。軽い求刑をするとの合意が成立していれば、起訴されても軽い求刑をしてもらうことができます[17]。

---

17 独禁法違反の犯則事件については公取委の告発が条件です（専属告発）。

Column 6

捜査と調査

　捜査と調査、どちらも当局が法令違反の疑いがある行為について事実関係の解明・確認のために行うさまざまな活動のことをいいます。

　当局が隠密裏で行う行為である、いわゆる内偵も含まれますが、企業等にとって明白な影響が出てくるのは当局が直接または間接に接触を求めてきた段階以降になります。

　一般的には、捜査は刑事手続、調査は行政手続に用いられる用語です。犯則調査というのは広い意味で行政手続に属しますが、刑事手続への移行を前提とした調査で、基本的には捜査とほぼ似たようなものと理解してください。

　これらの捜査ないし調査には任意の場合と強制の場合があります。

　任意というのは従わなかったとしても、そのことによる制裁を受けないという意味です。

　強制というのは、捜査手続において裁判官の発付した令状に基づいて行われる捜索（刑訴法218条1項）や犯則調査手続において裁判官の発付した許可状に基づいて行われる臨検、捜索・差押え（たとえば、独禁法102条1項）がその典型例です。これ以外に、行政調査権限に基づく処分で、それ自体は令状によるものではありませんが、拒否すると罰則が科される場合があります（たとえば、独占禁止法47条1項に基づく審尋、意見・報告の徴収、物件の提出命令、立入検査等を拒否などすれば、同法94条により1年以下の懲役又は300万円以下の罰金に処せられます。金融商品取引法にも同様の規定があります）。処分に従わなければ罰則を科するという間接強制により実効性が確保されているわけです。

　任意といっても、およそ何らの根拠なく、捜査・調査に着手することはありませんので、基本的には、無用な抵抗などせず、当局への協力姿勢を示すのが得策です。そのうえで、主張すべきは主張するというスタンスで臨むべきです。任意の場合は、基本的には任意的な協力をベースとするものですので、通常、当局への注文は付けやすいですし、当局サイドもそれほど強気に出ることはできません。たとえば、任意に提出した証拠物などは返還を求めれば、返してもらうことができるはずですので、毅然とした対応をしましょう。

　留意したいのは、当該捜査・調査が任意か強制か、令状に基づくのかどうかをしっかり確かめることです。そういう法的な位置付けをはっきり把握しておかなければ、当局とまともな交渉もできなくなります。

Q34 これまで司法取引は認められていなかったのですか

A

　協議・合意制度が導入されるまでは、捜査機関が被疑者に対して利益を与えることを約束して捜査・公判への協力を求めることは認められていませんでした。

1　約束による供述

　被疑者の取調べをしていると、被疑者から、「自白をすれば罰金にしてもらえますか」とか、「上司と一緒にした事件について知っていることを話せば、自分を不起訴にしてもらえますか」といった話を持ちかけられることがあります。これまでの実務では、捜査官として、このような話には応じるべきではないとされてきました。

　刑事裁判において正しい事実認定をするためには、供述を含めた証拠に信用性が認められることが必要となりますが、被疑者が捜査官との約束に基づいて自分の利益を得るためにする供述のなかには、捜査官の意に沿うように嘘や作り事が織り込まれるなど、信用性に乏しいものが含まれている可能性が相当程度あると思われます。裁判実務においても、このような危険があることを踏まえ、「起訴不起訴の決定権をもつ検察官の、自白すれば起訴猶予にする旨のことばを信じ、起訴猶予になることを期待してした自白は、任意性に疑いがあるものとして、証拠能力を欠く」とする解釈が定着しています（最高裁昭和41年7月1日判決）。この解釈は、実際にされた供述の内容が信用できるかどうかを判断するまでもなく、約束に基づくということだけを理由に、任意性に疑いがあるとして証拠として使用することができないとするものですから、捜査機関としては、利益を与えることを約束して供述を得ることは避けてきたのです。

2　刑事処分における検察官の裁量

　他方で、わが国の刑訴法では、検察官に起訴不起訴を決定する際の広い裁量権が認められています（起訴便宜主義）。協議・合意制度が導入される前から、実務でも、その供述の真偽を十分に確認したうえでのことではありますが、犯罪の種類、性質によっては、自分の犯行を認めて反省したり、組織的な犯罪の解明に役立つような供述をした者については、起訴猶予処分や軽い求刑をするという運用が行われていました。

　このように、検察官は、被疑者が十分に反省して本当のことを供述すれば刑事処分を軽くすることもできる場合がある一方で、利益を与えることをあらかじめ約束して供述を得ることは許されず、特に、組織的に行われた犯罪の全容解明に役立つ供述が得られる見込みのある被疑者から十分な供述を得られないというジレンマに陥っていたのです。

3　協議・合意制度の意義

　約束による供述について任意性に疑いがあるとされたのは、弁護人の立会いもなく、捜査官と一対一で行われる取調べの下では、被疑者に心理的な圧迫が与えられるおそれが高く、虚偽の供述がされるおそれがあるからと考えられますが、今回導入された協議・合意制度では、弁護人の関与が一貫して必要的とされ、どのような証拠を提供することによってどのようなメリットが得られるかということについて弁護人によるチェックが行われることが制度的に保障されています。また、合意の事実・内容が「他人」の刑事裁判において明らかになることから、合意に基づいて得られた証拠についてその裁判において徹底した吟味が行われることとされています。そのような制度上の手当てがあることを前提にすれば、組織的に行われた犯罪に関する供述などを得やすくするという協議・合意制度の意義は大きいものと思われます。

Q35 協議・合意制度と米国で行われている司法取引とはどこが違うのですか

A

司法取引には、「自己負罪型」と「捜査公判協力型」の2種類があり（→Q36）、米国ではその両方が認められていますが、今回わが国で導入された協議・合意制度は後者だけを対象とします。そのため「日本版司法取引」と呼ばれているのです（→Q2）

1 米国における司法取引

米国における司法取引には、大きく分けて次の2種類があります[18]。

① 自己負罪型

被疑者が自分の犯罪事実を認めて有罪答弁をするのと引換えに、検察官との間で軽い求刑にしてもらうことなどを合意する制度

② 捜査公判協力型

 (ⅰ) 被疑者が、上記の有罪答弁に加え、共犯者等の犯罪捜査や立証に必要な証言や証拠の提出等の協力を行うことを条件に、軽い求刑にしてもらうことなどを合意する制度

 (ⅱ) 被疑者が自分の犯罪事実を認め捜査協力を行えば、起訴自体をしない、つまり不起訴合意をする免責タイプのもの（免責型司法取引）

なお、自己負罪型の司法取引においては、被疑者が自ら有罪であることを認めれば、証拠による事実認定が省略され、軽い罪での有罪が決定し、そのまま量刑手続に移行することになるため、ねらいは刑事司法コストの削減にあるといわれています（米国では、多くの事件が自己負罪型の司法取

---

[18] ①や②（ⅰ）のように有罪答弁をともなうものは、答弁取引（plea bargaining）と呼ばれています。

引により処理され、それによって生じた余力を争いのある事件の公判に向けられているといわれています)。

2 わが国の協議・合意制度

　他方、今回、わが国で導入された協議・合意制度は、検察官と被疑者等およびその弁護人が協議し、当該被疑者等が「他人」の刑事事件の捜査・公判に協力するのと引換えに、自分の事件を不起訴または軽い求刑にしてもらうことなどを合意するという制度です（法350条の2－350条の15）。

　つまり、米国において認められている司法取引のうち、捜査公判協力型だけを取り入れたものです。

　制度の趣旨は、証拠収集が容易ではない組織的な経済犯罪等において、事案の解明のための有罪証拠を獲得するということにあります。

Q36 どうして自己負罪型の司法取引制度は導入されなかったのですか

A

　捜査公判協力型である協議・合意制度は、組織的に行われる犯罪の全容を解明するための証拠を収集する方法として特に必要性が高いものとして導入されたものですが、刑事司法コストの軽減を図るための自己負罪型の司法取引制度の導入については、法制審議会におけるコンセンサスが得られず、協議・合意制度の運用状況等も踏まえながら、将来的に検討すべき課題とされました。

1　自己負罪型の司法取引制度とは

　自己負罪型の司法取引制度とは、被疑者・被告人が自分の犯罪事実を認めることの見返りとして不起訴や軽い求刑などのメリットを得ることを可能とする制度です。米国ではこの自己負罪型の司法取引制度も採用され、有罪答弁をした場合には法廷における証拠調べが行われることなく、直ちに、量刑手続に移ります。多くの刑事事件が自己負罪型の司法取引によって処理されており、刑事司法コストの大幅な軽減が図られていると言われています（→Q35）。

2　自己負罪型の司法取引は何が問題か

　自分の犯罪事実を認めて反省している被疑者・被告人についてその情状を酌量して刑事責任を軽減するという考え方は、これまでのわが国の実務でも受け入れられていたものでしたし、「捜査公判協力型」の場合には無実の「他人」を巻き込むおそれもあるとして、自己負罪型の司法取引制度を導入すべきとの議論もありました。

　しかしながら、そもそも、今回の刑事訴訟法改正において協議・合意制

度の導入が検討されたのは、取調べへの過度の依存を改めて、適正な手続の下で組織的な犯罪に関する証拠をより広範囲に収集することができるようにする、平たく言えば、組織的な犯罪における上位者の犯罪への関与を示す証拠を得ることを可能にするということからであって、刑事司法コストの軽減を目指したものではありませんでした。

また、自己負罪型の司法取引を制度として導入した場合には、まずは自分の犯罪事実を否認した後に、これを認めることを検察官に持ちかけて、不起訴処分や軽い求刑といったメリットを得ようという「ごね得」を許す制度になってしまうという懸念が、主に捜査関係者から指摘されました。そのため、法制審議会・新時代の刑事司法制度特別部会においては、自己負罪型の司法取引制度について、捜査公判協力型の制度に係る具体的な検討結果を踏まえ、必要に応じて検討されるべきとの結論が採られました。

Q36

そこで、まずは、新たな証拠収集方法として特に必要性が高いものとされた捜査公判協力型の協議・合意制度を導入し、その運用状況等も踏まえながら、自己負罪型の司法取引制度がわが国の刑事司法制度にどのような影響を与えるかも見極めながら検討するものとされました。

MEMO －起訴便宜主義とは－

わが国の刑訴法では、起訴便宜主義が採られています（法248条）。これは、犯罪の証拠が存在する場合であっても、犯罪の軽重や情状等を考慮して不起訴処分（起訴猶予）とする裁量権を検察官に認める制度です。また、起訴をした場合でも、検察官は求刑について裁量を有しており、情状等によって、法律で認められた幅のなかで相当な求刑を決定しています。

これまでも、検察官は、このような裁量権に基づいて起訴・不起訴の決定、求刑の決定などを行うことにより、事案に応じた柔軟な処理が実現されてきました。

オウム真理教事件では、自分の罪も含め、教団幹部が犯した重大な犯罪についても詳細に供述をするなど捜査・公判に全面的な協力をした幹部の被告人について、本来であれば死刑の求刑が想定されたところを無期懲役の求刑がされたという、自己負罪型と捜査公判協力型の双方の考え方に近い例もありました。

ただし、この例なども含めて、これまでの実務においては、「取引」として行われたものではなく、あくまでも、検察官が、被疑者・被告人について認められる事情（情状）を考慮して、これに見合った処分を決めていたというものでした。

Q37 被疑者等が虚偽の供述をすることによって、無実の「他人」が処罰されるおそれはありませんか

A

　協議・合意制度において、被疑者等が、「他人」の刑事事件の解明に役立つ証拠を提供する動機は自分の処分の減免を受けることにありますので、被疑者等が嘘をついて他人を引っ張り込む危険性が内在していることは確かです。それを防止するために、弁護人の必要的関与、合意内容書面の必要的取調べ、虚偽供述等処罰罪の新設といった手当てがされました。

1　虚偽供述（引っ張り込み）の危険性

　合意に基づく供述は、制度として、自分が有利な処分を受けることを動機としてなされるものであることを前提としています。そのため、「他人」に刑事責任を転嫁することによって、自分が罪を免れたり軽くしようとして、わざと虚偽の事実をでっち上げたり、事実をねじ曲げて供述する危険性があることは否定できません。「引っ張り込み」の危険性と呼ばれているところです。刑訴法改正案の国会審議において、最高裁事務総局刑事局長は、この点に関し、「この種の第三者に罪を負わせる内容の供述というのは、供述者が、通常、……何らかの利益を期待して行われる可能性が……あり、裁判実務では、類型的にこの種の供述は警戒すべきものと考えられてきました」と答弁しております（平成27年5月20日衆議院法務委員会）。

2　虚偽供述を防止するための措置

　このような危険性を踏まえ、次の制度上の手当てがなされました。
（1）弁護人の必要的関与（法350条の3、350条の4）
　協議には弁護人が関与することが必要的とされ（被疑者等に弁護人がいない場合には協議自体ができません）、また、合意には弁護人の同意が不可欠で、

合意内容書面には弁護人の連署が必要です。これは、被疑者等が、検察官に迎合するなどして虚偽の供述をすることがないよう、弁護人から十分な法的助言とチェックを受けつつ、合意のための適切な判断ができることを保障しようという趣旨に基づきます。仮に、虚偽供述をすれば刑罰を受けるおそれがあるので、弁護人の役割は重要です。この点に関し、被疑者等の弁護人は、「他人」の弁護人ではないことから、「他人」の関与に関する供述の虚偽性を判断するのは難しいという見方もあります。しかしながら、一般的に接見時などに供述の信用性をチェックすることは弁護士倫理としても求められることです。また、多くの場合は、被疑者等の刑事事件と「他人」の刑事事件は共犯事件か少なくとも相当程度の関連性が認められ、関係する事実や証拠が共通すると思われますので、判断材料がないわけではありません。そして、たとえ虚偽と断定するのは困難であっても、供述だけなのか、それともそれを裏付ける他の証拠があるのかどうかを被疑者等に確かめることによって、その供述に信用性があるかどうかは被疑者等の弁護人にも相応の判断は可能だと思われます（たとえ結果的に虚偽供述を見抜けなかったとしても、当該弁護人が責任を問われる可能性は少ないはずです）。

（2）合意内容書面の必要的取調べ（法350条の8、350条の9）

合意に基づく供述（証言）が、解明の対象となる「他人」の刑事事件の証拠として使われる場合には、その裁判において、検察官は、合意内容書面（→Q26）等の証拠調べを請求しなければなりません。これは、問題となる供述（証言）が合意に基づくものであることを、「他人」、その弁護人、そして裁判所にも知らせることにより、十分な反対尋問のチェックや慎重な証拠評価を可能とするためのものです（→Q27）。これも、「引っ張り込み」の危険性を排除するための仕組みです。

（3）虚偽供述等処罰罪の新設（法350条の15）

虚偽供述や偽造・変造証拠の提出をした場合、5年以下の懲役に処せられます（これまで、法廷における虚偽証言には偽証罪がありましたが、捜査機関に対する虚偽供述には罰則規定がありませんでした）。

Q38 被疑者等が虚偽の供述や証言をしたり、虚偽の証拠を提出した場合、どのような刑罰が科されますか

A

検察官と合意した被疑者等が「他人」の刑事事件について虚偽の供述をしたり、虚偽の証拠を提出した場合には、虚偽供述等処罰罪（法350条の15第1項）、偽証罪（刑法169条）によって処罰されることがあります。

1　虚偽供述等の危険

協議・合意制度では、被疑者等が自己の刑事責任を減免してもらうため、意図的に「他人」の刑事事件について虚偽の供述や証言をしたり、その裏付けとなる証拠を偽造して捜査機関に提出したりする危険があります。「引っ張り込みの危険」と呼ばれているものですが、そのような危険を防止するために、改正法ではいくつかの制度的な手当てがされています（→Q37）。その1つが虚偽供述等処罰罪（法350条の15第1項）の新設です。

2　虚偽供述等処罰罪（法350条の15第1項）について

虚偽供述等処罰罪は、被疑者等が、合意に違反して、検察官、検察事務官または司法警察職員に対し、虚偽の供述をし、または偽造・変造の証拠を提出した場合に成立します。

これまでは、捜査機関の取調べに対して虚偽の供述をして、虚偽の内容の供述調書を作成させたとしても、証拠偽造罪は成立しないとされていましたが（千葉地裁平成7年6月2日判決）、協議・合意制度においては、「引っ張り込みの危険」があることを踏まえ、これを防ぐために、捜査機関に虚偽の供述をすること自体を処罰の対象とすることとしたものです。

また、「他人」の刑事事件に関して偽造・変造の証拠を捜査機関に提出した場合には、これまでも、偽変造証拠使用罪（刑法104条）により処罰の

対象とされていましたが（法定刑は3年以下の懲役又は30万円以下の罰金）、合意をした被疑者等がこの行為に及んだ場合には、法定刑を5年以下の懲役に加重した虚偽供述等処罰罪が新設されたのです。

合意をした被疑者等が行う協力行為の代表的なものに「検察官、検察事務官又は司法警察職員の取調べに際して真実の供述をすること」があります（法350条の2第1項1号イ）。この「真実の供述」とは、自らの記憶の内容に沿った供述をすることですから、これに反する「虚偽の供述」とは、自らの記憶に反する内容の供述をすることを意味し、その内容が客観的真実に反するかどうかは関係ないということになります（→Q11）。

「偽造の証拠」とは新たに作られた証拠のことであり、「変造の証拠」とは既存の証拠に加工してその効果を変更された証拠のことをいいます。虚偽供述等処罰罪は故意犯ですから、提出した証拠が偽造・変造されたものであることを被疑者等が知らなかった場合には犯罪は成立しません。

なお、この罪は、被疑者等が虚偽の供述等をした段階で成立し、捜査機関や「他人」の刑事事件を裁く裁判所が虚偽であることなどを見抜いた場合でも刑事責任は免れません。ただし、いったん、虚偽供述等をした場合であっても、「他人」の刑事事件の裁判が確定する前であって、かつ、自己の刑事事件の裁判が確定する前に自白したときは、その刑が減軽され、または免除されることがあります（法350条の15第2項）。

3　偽証罪（刑法169条）について

合意した被疑者等が「他人」の刑事事件の裁判において証言した際に虚偽の陳述をした場合には、刑法の偽証罪（169条）が成立します。裁判という重要な国家作用を誤らせるおそれがある行為であることから、偽証罪の法定刑は3月以上10年以下の懲役と重く規定されています。

偽証罪の「虚偽の陳述」についても、虚偽供述等処罰罪と同様に、自らの記憶に反する内容の供述をすることを意味し、その内容が客観的真実に反するかどうかは関係ないとされています（→Q11）。

Q39 協議・合意制度に基づいて提供された証拠は、日本の裁判で利用されるだけですか

A

協議・合意制度に基づき提供された証拠は、わが国における「他人」の刑事事件の裁判における事実認定に用いることを目的としていますが、国際的な捜査協力の仕組みに基づき、海外当局へ提供される可能性があります。

1　国際捜査共助

わが国は、外国の刑事事件の捜査に必要な証拠の提供等について外国から協力を求められた場合、国際捜査共助等に関する法律（昭和55年法律第69号）の定める要件および手続に基づき、相互主義の保証の下に、共助条約を締結していない外国に対しても捜査共助を行っています。他方、わが国の刑事事件の捜査（公判における補充捜査を含みます）に必要な証拠が外国に存在する場合、共助条約を結んでいない外国に対しても外交ルートを通じて捜査共助を要請しています。

また、わが国は、以前は、どの国とも捜査共助条約を締結していませんでしたが、捜査協力関係の一層の強化を目指し、日米捜査共助条約（刑事に関する共助に関する日本国とアメリカ合衆国との間の条約、通称MLAT。平成18年発効）を皮切りに、その後、韓国（平成19年発効）、中国（平成20年発効）、香港特別行政区（平成21年発効）、欧州連合（EU）（平成23年発効）、ロシア（平成23年発効）との間で、順次、捜査共助に関する条約（香港については協定）を締結しています[19]。これらの条約・協定に基づき捜査共助等

---

[19]　これらの条約または協定には、共助の実施を法的義務と位置付けたうえで、共助の要請・受理は外交ルートを経由することなく、あらかじめ指定した「中央当局」を通じて行うことや、一定の範囲での共助条件の緩和など、迅速・確実な共助の実施を確保するための規定が置かれています。

の実施が可能な国・地域の数は現在30以上に上っています。

2　協議・合意制度に基づき提供された証拠

　協議・合意制度に基づき提供された証拠も、このような捜査共助の枠組みにより、外国当局へ提供される可能性があります。

　特に留意すべきは、最近、各国当局が連携して国際カルテルの摘発を活発化させていることです。企業活動がグローバル化するに従って、企業関連犯罪も国・地域の枠を超えて敢行されるケースが少なくなく、それを摘発する各国当局も相互に連絡・連携することにより取締りを強化しているのです。

　そうしたことからすれば、上記の国際カルテルのように域外適用（→Column 10）の可能性のある事案において、今後、国際捜査共助の手続も一層積極的に活用されていくことが見込まれ、協議・合意制度に基づき日本の捜査機関に提供された証拠が外国当局へさらに提供されることも考えられます。

Q39

Q40 今回の刑訴法改正で導入された「刑事免責」とは、どのような制度なのですか

A

　裁判所の決定により、証人に対し、刑事責任を問われるおそれのある事項について免責を与える条件の下で、その事項についての証言を義務付ける制度です（法157条の2、157条の3）。ねらいは有罪証拠の獲得にありますが、取引性のある協議・合意制度とは異なります[20]。

1　刑事免責制度の概要

　証人は、証人尋問において、自分が刑事訴追を受け、または有罪判決を受けるおそれのある証言を拒むことができます（証言拒絶権）（法146条）。今回導入された刑事免責制度はその例外として設けられました。

(1) 証人尋問開始前

　検察官は、これから行われようとする証人尋問において、証言予定事項のなかにその証人が刑事責任を問われるおそれのある事項（法146条により証人が証言拒絶権を有する事項）が含まれる場合、裁判所に対し、当該証言やこれに由来する証拠を原則として当該証人の刑事事件で不利益な証拠として使えないことおよび当該証人は当該事項については証言拒絶権がないことを条件として、証人尋問を請求することができます（法157条の2第1項）。裁判所はそのような条件の下に証人尋問の決定をします（同条2項）。

(2) 証人尋問開始後

　また、検察官は、いったん、証人尋問が開始された後であっても、証人が法146条により証言拒絶権を行使した場合、裁判所に対し、上記と同じ

20　協議・合意制度とは異なり、刑事免責制度には取引性がなく、証人の同意は要件とされておらず、同意がなくても裁判所の決定により証言義務を課すことができます。また、そのような性質の違いから対象犯罪は限定されていません。

条件でそれ以後の証人尋問を行うことを請求することができ（法157条の3第1項）、裁判所はこれに応じ免責決定をします（同条2項）。

このように、刑事免責制度は、証人尋問という場面に限られており、問題となっている事件の証人尋問においてその立証に必要な証言を得る手段として機能するものです。

2　協議・合意制度との関係

問題となっている事件の被告人は証人からすれば「他人」に当たりますが、刑事免責制度では、すでに「他人」の刑事事件は起訴され裁判の段階に入っているのに対し、協議・合意制度においては、「他人」の刑事事件は起訴されていない場合が含まれ、むしろその方が多いかもしれません。なぜなら、「他人」の刑事事件がすでに起訴されているということは、検察官として、有罪判決を得る高度な見込みがあると判断したということであって、その段階になって、改めて、協議・合意制度を利用し、処分の減免というメリットを与えてまで証拠を獲得する必要性は乏しいからです。

ところで、被疑者等が検察官との間で「他人」の刑事事件の証人として証言することを合意した場合、その証人尋問で、刑事免責制度が用いられる場面はあるのでしょうか。国会審議をみると、合意において、被疑者等は自分に不利益な事項も含めて真実の証言をすることを約束し、相応するメリットを与えられるわけですから、通常の場合、協議・合意制度に重ねて刑事免責制度を利用することは想定されていないようです（平成27年5月20日衆議院法務委員会における法務省刑事局長の答弁参照）。

なお、合意不成立の場合、協議での供述は証拠とはできませんが（→Q24）、同じ事項につき、刑事免責制度を利用して証言義務を課すことは可能とされています（同年7月3日同委員会における同局長の答弁参照）。

第 部

企業と協議・合意制度

Q41 企業関連犯罪にはどのようなものがありますか

A

　企業またはその役職員は、当該企業の経済活動を営む過程で利益追求などの動機に基づき種々の犯罪行為を行う場合があります。正式な用語の定義があるわけではありませんが、これを企業関連犯罪と呼ぶことにします。

　企業関連犯罪は、主に、刑法上の詐欺、横領、背任等のほか、金融商品取引法、不正競争防止法、独占禁止法等の各種特別法違反などです。

1　企業の直面する犯罪リスク

　企業関連犯罪は、組織ぐるみで行われることが多いことなどから、純粋な個人犯罪に比較すると、態様・手口が巧妙、反復継続性が高い、規模・金額が大きい、罪証隠滅が行われやすいといった特徴があります。また、犯罪行為を行う役職員にとって、私利私欲ではなく会社のためという大義名分が立ちやすいことから、犯罪行為を行うに当たっての心理的ハードルも低くなりがちです。

　企業関連犯罪はまさに企業不祥事の最たるものです。発覚すれば、それ自体、社会に大きなインパクトを与えますし、コンプライアンス経営が重視され、消費者意識の向上が進む昨今、当該企業の社会的信用を著しく失墜させ、その存続さえも重大な危機にさらされることになります。

2　企業関連犯罪の例

　企業関連犯罪には次のとおりさまざまなものがあり、枚挙にいとまがありません。刑法上の贈賄、詐欺、横領、背任等の事案のほか、たとえば、以下のようなものがあります。

・金融商品取引法に関連しては、虚偽有価証券報告書等の提出（粉飾決

算)、相場操縦、インサイダー取引、損失補てん等
- 不正競争防止法の関連では、不正利益の目的による営業秘密の取得(産業スパイ)、外国公務員への贈賄等
- 知的財産権の関連では、特許権、実用新案権、意匠権、商標権、著作権の侵害等
- 独占禁止法[21]の関連では、談合、カルテル等の不当な取引制限等
- 会社法関連では、特別背任、会社財産を危うくする罪、株主の権利行使に関する利益供与等
- 租税法関連では、法人税等のほ脱(脱税)等
- 倒産関連では、強制執行妨害、詐欺破産等
- 公職選挙法違反(不正な寄附)
- 消費者関連では、偽装表示(産地偽装)[22]等
- 環境関連では、産業廃棄物の不法処理等
- 労働関係では、過重労働等の労働基準法違反、労働安全衛生法違反
- 金融取引関連では、マネーロンダリング規制違反等

3　犯罪リスクの特定と具体的対処

　企業の業種・業態によって、直面する犯罪リスクは異なります。自社がどのような犯罪に直面するおそれがあるのか、あらかじめ、リスクベースで重点的な洗い出しをしたうえ、その発生を未然に防止する手立てを講じておくことが欠かせません。また、適切な事後対応が必要となることは不祥事一般に共通しますが、生じた犯罪の種類・性質に応じ、異なる対応が必要となるでしょうから(たとえば、報告が必要となる関係機関も異なりますし、分野に応じた専門家の確保も必要となります)、あらかじめ想定対応マニュアルを整備しておくことが望ましいと思われます。

---

[21]　独占禁止法の関連では下請代金支払遅延等防止法違反や消費税転嫁対策特別措置法違反も挙げられる。

[22]　不当景品類及び不当表示防止法違反

Q42 企業関連犯罪に対する捜査手続に特徴はありますか

A

　企業の社会的責任がより一層強調される一方で、相次ぐ企業不祥事やその規模、影響の大きさなどを背景とし、企業関連犯罪に対する一般社会の見方は非常に厳しくなっています。そのような見方が企業関連犯罪に対する捜査の在り方にも少なからず影響を及ぼしているように見受けられ、たとえば、長期にわたる多数回の取調べなど厳しい捜査が考えられます。

1　企業関連犯罪に対する社会一般の受け止め方

　最近の企業関連犯罪に対する社会の一般的な受け止め方がどのようなものであるか、いくつか挙げると、まず、組織ぐるみで行われるケースを念頭に、当該犯罪の実行者だけではなく、それを指示・命令した者や支援・協力した者など関与者（共犯者）を広くとらえる傾向にあるといえます。特に、組織上位者に対する責任追及（法的責任はもちろん、道義的責任も含まれます）が強く求められているように思われます。そして、企業自らが実態解明に協力することと再発防止に向けた最大限の努力をすることは、もはや社会的要請であるといっても過言ではありません。他方、その裏返しとして、組織ぐるみの隠ぺい、責任回避、自己正当化、矮小・歪曲化等に対しては非常に厳しい見方がされます。積極的に犯罪にかかわったわけではなく、消極的に見逃しただけであっても、世間は許してくれないでしょう。

2　捜査手続にともなう負担

　こうした見方が企業関連犯罪に対する捜査手続にも少なからず影響することになります。すなわち、この種の犯罪捜査においては、何らかの形で

当該犯罪に関与した者だけではなく、社内外を問わず、大なり小なり参考となる事情を知っている関係者（もちろん取引先関係者も含まれます）が広く聴取対象にされ、また証拠資料の提出を求められることになります。また、捜査期間は数ヵ月から場合によっては１年以上の長期に及ぶことも覚悟しなければなりません。さらに、多くの場合、関係する証拠資料は膨大になりますが、それらが広く捜索・押収の対象とされます。捜査機関による捜索・押収の手続は早朝から深夜まで長時間にわたることもしばしばで、連日あるいは複数回実施されることも珍しくありません。業務へ大きな支障が生じるばかりか、報道等によって、こうした強制捜査を受けた事実が世間に知れ渡った場合、信用失墜によるダメージは計りしれません。加えて、企業関連犯罪の場合、多くは規模が大きく、事案も複雑で、事実関係の把握ないし真相解明は容易ではありません。そのため、捜査機関としては、事情を知る関係者の取調べの重要性は依然として高いと考え、企業関係者に対し、事と次第によっては、多数回あるいは連日かつ長時間の取調べに応じることを求めてくるでしょう。

3　協議・合意制度の位置付け～正しい理解と適切な利用～

　仮に、企業が責任回避あるいは隠ぺいの姿勢に終始すれば、こうした捜査の厳しさはさらに増すことになると思われます。しかしながら、たとえ企業関連犯罪が発生しても、適切な事後対応をすれば、こうしたダメージを軽減することも可能なはずです。その事後対応ツールの１つとして、協議・合意制度を適切に利用していくというのが賢い選択ではないでしょうか。

Q43 企業関連犯罪において、協議・合意制度が適用される具体的場面にどのようなものがありますか
〜「他人」が自社または自社の役職員の場合〜

A

被疑者等	他人	適用	類型
従業員	幹部従業員、役員	○	(a)
	会社	×	(b)
	幹部従業員、役員および会社	○	(c)
幹部従業員	従業員	×	(d)
	役員	○	(a)
	会社	×	(b)
	役員および会社	×	(c)
下位役員	従業員、幹部従業員	×	(d)
	上位役員	○	(a)
	会社	×	(b)
	上位役員および会社	○	(c)
上位役員	従業員、幹部従業員、下位役員	×	(d)
	会社	×	(b)
会社	役員等	○	(e)

　この表では、従業員、幹部従業員、下位役員、上位役員、会社がそれぞれ被疑者等として単独で対象となる場面を想定しておりますが、上記（a）については、あわせて、会社も「被疑者等」として適用対象となることも考えられます。つまり、両罰規定がある場合、実行者に加えて会社自身も協力行為を行い、合意に基づき処分の減免を受けることも制度上あり得るということです。

1　「他人」が上位者ないし会社（両罰規定あり）の場合

　協議・合意制度において被疑者等の協力行為によって解明の対象となる

「他人」が自社または自社の役職員の場合（「他人」が他の会社またはその役職員の場合は→Q44）に考えられる適用場面は、左表で示したとおりであり、適用される可能性があるのは、基本的には、被疑者等と「他人」は、組織ないし立場において、前者が下、後者が上という関係にある場合です。

具体的には、たとえば、従業員、幹部従業員または下位役員が、組織において自分より上位者からの指示で、談合やカルテルを遂行したというケースで、「他人」である上位者（幹部従業員、役員または上位役員）の関与を示す供述や客観的証拠を提供するという場合が典型です（表中の（a））。また、談合やカルテルは両罰規定が定められていますので（独禁法95条1項1号）、この「他人」に会社が加わる場合もあり得ます（表中の（c））。

2 「他人」が会社だけまたは下位者の場合

これに対し、「他人」が会社だけという場合は（表中の（b）の場合）、実際に協議・合意制度が適用されることは考えにくいでしょう。両罰規定により会社の刑事事件が問題になる場合、会社の業務に関して犯罪行為を行った従業員または役員に関する証拠があれば、基本的には会社に関する証拠も足りているので、検察官として、あえて従業員または役員から処分の軽減を見返りとして会社の関与を証明するための証拠を収集すべき必要性は乏しいと考えられるからです。

また、「他人」が被疑者等より組織内で立場が下の者である場合（表中の（d）の場合）は、一般に、上の立場にある者が下の立場の者の犯行を解明するための協力をする見返りに自らは処分の軽減を受けるということは、協議・合意制度の趣旨に必ずしも合致しませんので、個別事情にもよりますが、典型的な例としては考えにくいでしょう。

3 会社が（前）経営陣を「他人」として協議・合意制度を利用する場合

表中の（e）の場合のように、たとえば、会社が被疑者等として、「他人」

である役員等による犯罪行為を捜査機関に申告し、会社自身は協議・合意制度により訴追を免れるということは、(d) の場合と同様、一見すると、制度の趣旨にそぐわないようにも思われますが、前経営陣による不正行為（犯罪）の責任追及の一環として会社がその捜査等に協力するという例を想定すると、十分あり得ます[23]。首謀者である前経営陣を適正に処罰するという点では制度目的にむしろ合致しますし、会社のそうした行動は株主をはじめ多くのステークホルダーの利益にも沿うものだからです。

---

[23] 米国では、たとえばカルテルに関与した役職員が、司法当局と企業の司法取引から除外され、個人として刑事罰の対象とされることがあり、「カーブアウト」(carve out) と呼ばれています。

Column 7

捜査（特に捜索差押え）対応の心得

　そもそも、当たり前といえば当たり前のことですが、捜査、特に捜索差押えのような強制捜査は、基本的に予告なく、突然行われることを知らなければなりません。

　そのうえで、基本的なスタンスとして、①捜査対象の正確な把握、②会社の日常業務への影響を最小限にする、③捜査妨害や証拠隠滅を疑われる行為をしない、ということを肝に銘じるべきです。

　まず、突然の捜索差押えに慌てず対応するため、平時から有事対応マニュアルの整備をしておくべきでしょう。そのポイントは以下のとおりです。

　捜索差押えを受けた際の留意点として、その根拠となる令状（捜索差押許可状）をしっかり確認することが大切です。捜査機関は捜索差押えの執行を受ける相手方に令状を提示する義務があります（刑訴法222条1項、110条）。この令状には、被疑者の氏名、罪名や捜索場所、差し押さえるべき物が記載されていますが、被疑事実は記載されませんので（同法219条1項）、令状だけからは具体的にどのような犯罪が問題になっているのかはわかりません。捜査官に質問しても答えてくれないでしょう。その段階では、被疑者氏名と罪名から推測するしかありません（関係先として捜索を受けた場合、被疑者氏名を見てもピンとこないこともあり得ます）。なお、令状の写しがほしい（スマホ撮影を含む）とかメモをとらせてほしいと言っても、保秘の観点から断られてしまいますので、せめて記憶できるようにゆっくりと見せてもらうようにしましょう。

　弁護士の立会いについては、被疑者の弁護人の立場としては、刑訴法上、立会いの権利は認められていません（同法222条1項は同法113条1項を準用していません）。ただし、捜索を受ける会社の代理人としてなら立会いが認められる余地はあります（その場合には、当該弁護士の権限を示す資料等の確認が求められます）。いずれにしても、突然の捜索差押えに直ちに弁護士が対応できるケースは稀でしょう。

　次に、どのようなものが差し押さえられるのかを確認することが大切です。これも、差し押さえるべき物として、令状に記載されていますが、たとえ

ば、「本件に関係ありと思料される一切の帳簿書類、会計伝票類、元帳類、メモ、社内作成文書、手帳、スケジュール帳、備忘録、往復文書、契約関係書類、稟議関係書類、預金通帳、同証書、有価証券、印鑑等の文書及び物件」などと、相当程度、広く概括的に記載されますので、それだけでは何が差し押さえられるのかははっきりしません。そこで、会社の方々には、捜索差押えの現場に立ち会って（事務所内の複数箇所で捜索が実施されることになりますので、立会いは手分けする必要があります）、何が差し押さえられるのかを見守りましょう。捜索差押えの作業が終了する頃には、捜査官が目の前で押収品目録を作成し、押収物との対照確認をしたうえで、交付してくれますので、その段階での把握も可能です。

　基本的に、捜査官は幅広に押さえようとしますが、差押えを受ける方としては、会社の業務に支障が生じないよう、できるだけ限定的にしてもらいたいと考えるのは当然です。たとえば、原本が押さえられては困るという場合には、コピーを取ってそれを押収してもらう、あるいは、原本が押さえられるのなら必ずコピーを手元に残すようにする、といった対応が必要になります。私物であっても、事件に関連しそうなものであれば差押えの対象になります（私的なメモ、手紙、スケジュール帳・手帳等）。

　なお、差押えの対象は有形物でなければなりませんので、データそのものを差し押さえることはできません。データを保存した記録媒体やデータをプリントアウトした書面等が差押えの対象となり、捜査官自らまたは差押えを受ける側がその場で必要なデータを特定して別の記録媒体に複写するなどしてそれを差し押さえることになります（同法222条1項、110条の2）※。ただし、短時間に実施するのは簡単ではありませんので、実際には、少しでも事件に関連性ありと認められる記憶媒体は幅広く差し押さえられ、業務に支障を来すおそれもあります。そこで、捜査官と交渉してできる限り差押えの対象を限定するとともに、そのデータのコピーを作成して手元に残すようにすべきです。

　さらに、いったん押収された物でも、業務上その他の理由で、返還を求める必要が生じた場合には、仮還付を受けることができますので（同法222条1項、123条2項）、担当官の連絡先や手続について、確認をしておくこと

※このほか、データの保管者などに命じて他の記録媒体に記録または印刷させたうえ、当該記録媒体を差し押さえるという「記録命令付差押え」（刑訴法99条の2）や、電気通信回線で接続されている記録媒体からの複写の制度（たとえば、電子メールが保管されているメールサーバから必要なメールを、ネットワークで接続されているパソコンに複写して、これを差し押さえるなど）（同法99条2項）もあります。

が大事です。返還を求める理由をきちんと説明すれば、可能な限り誠実な配慮をしてくれると思われます。

なお、事案によっては、複数回にわたり捜索差押えを受けることもありますので、一度、捜索を受けたからといって安心はできません。たとえば、関係する被疑者が逮捕、再逮捕されるたびに同じ場所に対し捜索差押えが実施されることもあり、２回目以降の捜索差押え時に、前回発見されていなかった、たとえば、関係者との口裏あわせを示すメモや連絡文書等の資料が発見されることも実際にあります（このような資料は、関係者が行為の違法性を認識していたことを示す証拠となる可能性があります）。

加えて、捜査妨害や証拠隠滅を疑われる行為をしないよう慎重な配慮が必要です。下手をすれば、捜査機関に任意捜査から強制捜査への移行またはさらなる強制捜査のきっかけを与えることにもなりかねません。抵抗、拒否その他非協力的な行為には、公務執行妨害罪（刑法95条１項）、証拠隠滅罪（刑法104条）の制裁があり得ます（行政調査に関しては、検査拒否・妨害罪［独禁法94条、金商法205条５号、６号］）の制裁があり得ます。たとえば、外部との連絡（電話の発受など）について、罪証隠滅の防止の観点から、制限されることがありますが、一切禁止されては、業務への支障が著しいので、捜査官に対し連絡をとる必要性などを説明したうえ、その了解をとったうえで行うことは何ら問題がありません。

ちなみに、多少余談になりますが、捜索差押えを受けた会社の関係者がその後捜査機関の取調べを受けることがあります。その場合、取調べの対象者同士が事前に情報交換をすると口裏あわせや証拠隠滅の疑いをかけられるおそれがあります。また、会社としてそれらの関係者から事後的に聴取された事項や内容を確認すること自体は差し支えありませんが、その情報を他の対象者等に伝えると通謀を促したと受けとられるおそれがあります。したがって、会社がたとえば取調べ内容をまとめて資料を作成し、対象者等に提供したりすることは慎まなければなりません。

最後に、非常にベーシックなことですが、捜索差押えのような有事における、社内の報告連絡体制をきちんと確立しておくことは不可欠です。特に、迅速性と保秘の観点から、報告連絡の対象者（範囲を限定）、連絡の具体的方法、報告すべき事項等を適切に定めるとともに、会社として迅速で責任を持った意思決定ができるメカニズムを構築しておくことが重要です。

Q44 企業関連犯罪において、協議・合意制度が適用される具体的場面にどのようなものがありますか
～「他人」が他社または他社の役職員の場合～

　複数の会社が関与したカルテル事案などのように、他社または他社の役職員が関係する企業関連犯罪において、検察官が組織的に行われた犯罪の全容解明につながると考えた場合には、自社またはその役職員について、協議・合意制度が適用される可能性があります。

1　他社またはその役職員が「他人」となる場合とはどのような場合か？

　協議・合意制度は、検察官の立場からすると、主として、組織的に行われた犯罪における上位者を処罰することを目的として、上位者の関与を示す証拠を得ようとするものですので、典型的には、自社の上位役員を「他人」として、被疑者等である下位役員や従業員と協議・合意をするという場面が想定されます（→Q43）。これに対し、「他人」が他社またはその役職員である場合には、組織内における上下関係ということではありませんが、被疑者等となっている会社またはその役職員の刑事責任を減免しても他の会社またはその役職員を処罰することが組織的に行われた財政経済犯罪の解明につながると検察官が考えれば、協議・合意制度が適用される可能性は十分あります。

　具体的な適用場面は事案に応じてさまざまであると思われますが、たとえば、次のようなケースでは、検察官が協議・合意制度を利用しようと考える可能性があります。

① 事案の全容が十分に明らかになっていない段階で、ある会社またはそ

の役職員が積極的に捜査・公判に協力することにより、複数の会社が関与した大規模なカルテル事案（独禁法違反事件）の全容が明らかになると考えたとき
② ある会社またはその役職員が積極的に捜査・公判に協力することにより、外国公務員に極めて高額な賄賂を渡したり、過去にも同様の犯罪を行っていた他の会社が再び外国公務員への贈賄に及んだというような、より悪質な会社の犯罪を摘発することができると考えたとき

2　他社またはその役職員が「他人」となる可能性がある場合の自社の対応はどうすればよいか？

このような場合には、自社または自社の役職員が被疑者等となったことが判明した時点で、会社として、他社または他社の役職員が関連する犯罪を行っている疑いがあるか否かも含めて的確に事実調査を行い、そのような証拠を自社側から提供できるのであれば、弁護士と相談のうえ、協議・合意制度の利用を検察官に持ちかけることを検討する必要があります（→Q45）。

このように他社またはその役職員の犯罪への関与の解明に協力するということは、いわば「告げ口」になり、当該他社を含む同業会社との今後の関係や業界内における自社の立場を慮ってちゅうちょする向きもあるかもしれませんが、企業が社会的責任を果たすうえで不正との決別は不可欠であり、それを怠った場合の代表訴訟リスクもあることに照らせば、むしろ積極的な対応が望ましいと言えます。また、関与した他社もこれと同じような考え方をすることは十分あり得ますので、そうなると協議・合意制度の利用で先を越される可能性もあります。出遅れは不利に働きかねないため、早急な検討・対応が望まれます。

Q45 自社または自社の役職員が特定犯罪に関与した疑いが生じたとき、会社としてはどのような対応をすべきですか

A

　自社または自社の役職員が特定犯罪に関与した疑いが生じたときには、迅速かつ的確な対応をとり、適切に協議・合意制度を利用することによって、会社へのダメージを少なくしたり、ダメージの回復を図ることが可能となる場合がありますので、いち早く事実調査を実施し、そのような疑いが確認できた場合には、刑事事件に詳しい弁護士のアドバイスも受けながら、捜査機関とのコミュニケーションを図っていくことなど必要な対応を速やかに行うことが重要です。

1　対応の基本〜迅速かつ的確な初動対応

　自社の役職員が業務に関連した犯罪に関与した疑いが生じた場合、企業としては不祥事への対応として諸々の対策を講じなければなりません。それが協議・合意制度の対象となる特定犯罪の場合であっても、基本は変わるところはありませんが、特に、以下のような観点を踏まえる必要があります。

　協議・合意制度を利用することによって自社または自社の役職員の刑事処分を軽減することが可能となるのは、検察官に対し、「他人」の刑事事件に関する効果的な証拠を提供することができる場合に限られます。そのため、初動対応が不十分であったことにより、他社またはその関係者が先に証拠を提供してしまったり、捜査機関が独自に証拠を得てしまったりするようなことになれば、検察官が協議・合意に応じてくれなくなるおそれがあり、これによって自社に大きなダメージが生じることも想定されます。したがって、自社の役職員が特定犯罪に関与した疑いが生じたときには、迅速で的確な初動対応をとることがより重要といえます。

2 会社として求められる対応ポイント

(1) 事実調査の実施

　自社の役職員が「特定犯罪」に関与した疑いが生じた場合、会社としては、まず、迅速に事実関係を調査する必要があります。それには、内部調査の体制を早急に整え、できる限り迅速に調査に着手することになりますので、日頃から内部調査の体制を想定しておき、有事の際には事案に応じた体制を速やかに整えることができるようにしておくことが大切です（→Q52）。

　また、犯罪に関する調査であることに加え、協議・合意制度の利用が想定されることからしても、この段階において、刑事実務の経験が豊富な弁護士に相談し、事実調査の方法や協議・合意制度を利用することのメリット・デメリット等についてアドバイスを受けることが望ましいと思われますし、場合によっては、事実調査の重要な部分を弁護士に行ってもらうことも検討すべきでしょう。

　調査の結果、把握できた事実関係を踏まえたうえで、協議・合意制度を利用することが自社または自社の役職員にとって最善の結果をもたらすのかという重要な判断を求められることになりますので、限られた時間のなかではありますが、関係者からのヒアリングや客観的資料の収集・分析等、できる限りの事実調査を行い、自社内外での関与者の範囲や関与状況（特に、経営陣や上位役員が関与しているか否かは、会社にとって重大事ですので、徹底した正確な事実調査が必要となります）、同種の案件の有無（同種の案件があり、これを捜査機関が把握していない場合には、その案件についての捜査協力をすることにより、処分の軽減という見返りを得ることが可能となる場合があります）、捜査機関に提供できる証拠の有無等を的確に把握することは必要です。

　なお、今後、捜査の対象となることも想定されることから、捜査に支障を生じさせたり、証拠隠滅などの行為を疑われたりしないためにも、この段階での事実調査は、比較的少数かつ限定的な体制で行い、そこから得ら

れた情報の管理についても徹底する必要があります。（事実調査の留意点については→Q46）。

（2）捜査への協力

　事実調査の結果、役職員が「特定犯罪」に関与したことが判明した場合、協議・合意制度が適用される可能性が生じます。会社としては、基本的な事実関係に争いがない事案であれば、自社の役職員を促して積極的に捜査に協力させることになると思われますが、協議・合意制度が適用される場合には、自社の役職員に、「他人」の立場となる自社の上位役員や他社またはその役職員の犯罪を捜査機関に申告させたり、その捜査に協力させることになります。このような対応については、これまでのわが国の企業文化からすると抵抗感を覚えるかもしれません。しかしながら、コンプライアンスの意識が高まり、企業が社会的責任を果たすことが求められている今日では、毅然とした態度で不正との決別を図ることが不可欠です（独禁法上の課徴金減免制度〈リーニエンシー〉についても、導入以前は、わが国では必ずしも機能しないのではないかという見方もありましたが、すでに制度としてすっかり定着していることは周知のとおりです）。その意味で、会社としては、目先の利益にとらわれたり、隠ぺいしたりすることなく、果断に協議・合意制度を利用することも考えなければなりませんし、先に述べたように、協議・合意をするためにはタイミングが重要な要素となりますから、その判断も迅速に行う必要があります。

（3）協議の申入れ

　協議・合意制度を利用するという意思決定に至った場合、検察官に協議を申し入れることが必要となりますが、この場合の対応は刑事実務を踏まえた交渉の要素が強いものとなりますから、刑事実務に詳しい弁護士を通じて行うことが望ましいと思われます（→Q18、Q19）。なお、検察官との協議に先立ち、事案に応じ、警察あるいは犯則調査を行う国税当局、公正取引委員会、証券取引等監視委員会に対し、事実を申告するとともに、事件送致または告発に至った場合には検察官との協議に入る意向があること

を申し入れることもあり得るでしょう。

3　その他

　協議・合意制度が適用されることとなった場合、事案にもよりますが、広く社会の注目を集める可能性もありますので、マスコミ対応を含めた広報活動も的確に行う必要があります（マスコミ対応については→Q53）。

　このほか、所管官庁や日本取引所自主規制法人等の関係機関への報告、第三者委員会等を通じた発生原因・問題点の特定や再発防止策の策定、厳正な内部処分など、当該企業が自力で的確に対処していかなければならない点が少なくないことは言うまでもありません

Q46 事実関係を調査するに当たって留意すべき点としてどのようなことがありますか

A

　会社として的確な対応をとるためには事実関係を的確に把握することが重要ですので、内部調査チームの体制を整えたうえで、弁護士のアドバイスも受けながら、迅速に事実調査を実施することが重要です。事実関係に間違いがない場合には、協議・合意制度の利用によって会社へのダメージを小さくすることも可能ですから、事実調査に当たっては、「他人」の関与を示す信用性の高い証拠を収集するという観点を持つことが大切です。

　なお、事実調査に当たっては、真相解明に協力するという基本的なスタンスに立ち、証拠の保全には十分留意すべきであって、口裏あわせや隠ぺいを疑われるような行為は厳に慎まなければなりません。

1　事実調査に速やかに着手すべき

　自社の役職員による業務関連犯罪への関与という重大な不祥事が起きた場合には、その後の対応の誤りによってダメージをさらに拡大させることは絶対に避けなければなりません。それに加えて、協議・合意制度の適用が想定されるようなケースにおいては、この制度を適切に利用し、会社が真相解明に積極的に協力している姿勢を示すことによって、会社に対する社会的な評価を回復させることが可能となる場合もあります。

　会社として、協議・合意制度の利用も含めた的確な判断を行うためには、何よりも、できる限り早期に事実関係を把握することが重要であり、速やかな事実調査の着手が求められます。

2 調査体制における留意点

(1) 内部調査チームの編成、組織・権限上の位置付け

　事実調査を行うに当たっては内部調査チームを編成しなければなりません。速やかに調査に着手するためには、その編成もできる限り迅速に行う必要がありますので、平時から、事態の発生を想定したうえで内部調査チームの基本構成を検討しておき、いざ実際に調査を行うこととなった場合には、その基本構成をベースとしつつ事案に応じたチーム編成を決定するということが理想です。

　調査チームの組織・権限上の位置付けについて、当該チームに事実調査に関する明確な権限を付与するとともに、他部門はこれに協力すべき義務があることを社内的に徹底させること、代表取締役またはコンプライアンス担当役員の直轄の組織とし、調査結果の報告は当該責任者に直接なされるべきこと、チーム編成は管理部門、事業部門を問わず、社内横断的に適性のある人物を登用し（当該不正行為の非関与者で、関連業務の実情に精通する者もメンバーに加えるのが相当です）、それらの者が所属部署の上長の指揮監督を受けることなく調査に従事し得ることなどに留意する必要があり、社内規程でこれらのことをあらかじめ定めておくのが望ましいと思われます。

(2) 外部の専門家の活用

　犯罪に関する調査であることに加え、協議・合意制度の利用が想定されることからしても、早い段階から、刑事実務の経験が豊富な弁護士に相談し、事実調査の方法や協議・合意制度を利用することのメリット・デメリット等についてアドバイスを受けることが望ましいと思われます。そして、事実調査の重要な部分については弁護士に行ってもらうことも検討すべきでしょう。

　また、案件によっては、公認会計士、税理士、フォレンジックの専門家などに調査に関与してもらうことが適当な場合もあります。

3　調査上の留意点

(1) ヒアリングにおける留意点

　調査を行う場合には、特定犯罪に関与した疑いのある役職員から事情を聴くことが必要になります。当然のことながら、特定犯罪への関与の有無を明らかにしたうえで、関与していたのであれば、犯行に及んだ経緯や関係者の有無、他の犯罪・不正への関与の有無などについて、当事者である本人から状況を聴取することになります。

　このとき、役職員としては、自分が犯行に関与したことを認めた場合の不利益を案じたり、組織内・業界内のしがらみから上位者や他社の関与を話すことに抵抗を感じたりして、事案の全容について正直に話そうとしないことも多いと思われます。会社としては、一般的なスタンスとして、犯行に及んだことが事実であると認められるのであれば、不祥事は隠さずに真相解明に協力し、再発防止に努めることが大事との姿勢を貫き、自社の役職員にもそのスタンスを十分に理解させて捜査への協力を促すことが重要であり、内部の調査に当たって、関係者に対し、犯行を否認したり矮小化したりする供述を誘導するなど、組織ぐるみでの隠ぺい行為に及ぶことのないよう留意すべきです。なお、事実調査を行ううえでは関係者の供述を照合する必要が生じる場面もあり得ますが、その結果を関係者に安易に伝えるなどすれば、会社が関係者の口裏あわせをしているのではないかと疑われるおそれもありますから、厳に差し控えるべきです。

　また、協議・合意制度を利用することによる役職員自身や会社へのメリットを理解させることも捜査への協力姿勢を持たせるうえで重要です。そのため、日頃から社内教育により役職員に制度の正しい理解を持たせておくことはもちろんですが、同制度の利用が想定される事案であることが判明した段階でも、関係者に対し、それぞれの理解の程度に応じ、場合によっては弁護士の助力を得ながら、適切な説明をすることも必要となるかもしれません（ただし、関係者の具体的な供述内容を一定の方向に導くような示唆を与えることは口裏あわせとの誤解を招きかねませんので、慎重な対応が求

められます)。

(2) 証拠保全の必要性

　犯行の隠ぺいの意図がなくても、後に捜査機関等から隠ぺいを疑われかねないような行為に及ぶことも慎まなければなりません。たとえば、帳簿などの証憑類の廃棄や電子データの消去などは、不正な意図に基づくものではないとしても隠ぺいを疑われかねませんので、関係部署に対し、客観的証拠の厳重な保管を命じ、電子データについても消去を禁止するとともに、業務遂行の過程で上書き消去されてしまうことのないよう、別途保存するなどの措置を講じることが必要です。

(3)「他人」の関与を示す証拠の収集

　協議・合意制度の利用が想定される事案における事実調査の最重要事項は、「他人」に相当する自社内の上位者や他社の役職員の犯行への関与の有無ということになります。

　犯行への関与が疑われる関係者のヒアリングにおいても、このような観点からの質問をしていくことになろうかと思いますが、関係者が「他人」の犯行への関与を供述したというだけでは、検察官との間で合意を成立させることは期待できません。無関係の「他人」の引っ張り込みのおそれを心配する検察官は、供述の信用性を裏付ける証拠がなければ、「他人」の関与について十分な立証ができないとして、合意を成立させることはないと考えられるからです。

　その意味で、協議・合意制度によるメリットを得ようとするのであれば、会社内での事実調査の段階においても、「他人」の関与を示す客観的資料があるかといった観点からの調査を行うことが必要となります。他方、限られた時間のなかで迅速に事実調査を行うことも重要であり、捜査機関ではない会社の事実調査には限界もありますから、徹底した証拠収集を求めることは現実的ではありません。事案によって異なると思われますが、関係者の供述を裏付けるある程度の客観的資料があり、これによって、「他人」の関与についても基本的な誤認がないという判断に至れば事実調査として

は十分と考えることができると思われます。

(4) 保秘の徹底

　捜査の対象となる事案における事実調査においては、捜査妨害や証拠隠滅と疑われることがないよう、保秘を徹底し、調査の結果、得られた情報の管理も徹底する必要があります。

　特に、協議・合意制度の利用が想定される場合には、検察官に有益な証拠を提供することができるか否かが重要な要素になります。特に、複数の会社が関係する事案などでは、検察官への証拠提供の先後によって協議・合意の成否が左右されるという場合も起こり得ますから、事実調査の結果得られた情報が拡散してしまうようなことは絶対に避けなければなりません。

Column 8

検察審査会とは
どのようなことをするのですか

　不起訴処分に不服がある告訴人、被害者等は、不起訴処分の当否の審査を検察審査会に申し立てることができます（検察審査会法30条）。検察審査会は選挙人名簿から無作為に抽出された11人の検察審査員で組織される合議体ですが、一般人の視点から検察官の不起訴処分の当否を審査しようという趣旨で設けられたものです。

　検察審査会は、申立てのあった事件について、不起訴記録を検討したり、検察官の意見を聴くなどして審査を行い、その結果、「起訴が相当」、「不起訴が不当」、「不起訴が相当」などの議決をします（同法39条の5）。

　「起訴が相当」、「不起訴が不当」という議決に法的な拘束力はありませんが、検察官は、その議決を受けた場合には、事件を再度捜査し、改めて、起訴・不起訴の処分をしなければなりません。

　「起訴が相当」という議決を受けた場合にも、検察官は、再捜査の結果、再度、不起訴処分をすることがありますが、この場合には、検察審査会は、もう一度審査を行わなければならず、その審査の結果、起訴が相当と判断した場合には、「起訴議決」をすることになります（同法41条の2、6）。わが国では、起訴する権限は検察官が独占していますが（刑訴法247条）、この起訴議決はその例外の1つです。この起訴議決の制度は平成21年5月から導入されたものであり、これまでに起訴議決がされた事件はわずかですが、著名な事件としては、明石花火大会歩道橋事故（業務上過失致死傷）、JR福知山線脱線事故（業務上過失致死傷）、陸山会事件（政治資金規正法違反）、尖閣列島中国漁船衝突事件（公務執行妨害等）、福島第一原発事故（業務上過失致死傷）などがあります。

　協議・合意制度により被疑者が不起訴となった場合でも、被害者等が検察審査会に申立てを行った結果、検察審査会で起訴相当議決、不起訴不当議決、起訴議決がされることも考えられます。この場合にまで「不起訴」の約束を維持させることは、民意を反映させるという検察審査会制度の趣旨に反したものとなりますから、合意は効力を失うことになります（同法350条の11）（→Q32）。

Q47 自社または自社の役職員が「他人」として協議・合意制度の対象となった場合、会社はどのように対応したらよいですか

A

　協議・合意制度の適用において、他社または他社の役職員に先んじられないようにすることが基本ですが（→Q45）、不幸にして自社または自社の役職員が「他人」として名指しされ、特定犯罪への関与が間違いないという場合には、会社へのダメージを最小限なものとするために、真相解明に積極的に協力させることが大切です。また、より多くの会社が関与して行われた広がりのあるような犯罪の場合には、それらの会社またはその役職員による刑事事件の捜査・公判への協力をすることによって、なお協議・合意制度を利用する余地がないかについても検討する視点を持つことが必要です。

1 「他人」として協議・合意制度の対象となったことはどのようにして把握できるか？

　自社または自社の役職員が特定犯罪の捜査の対象となったことは、関係者の事情聴取、関係場所への捜索等によって把握できることが通常ですが、それだけでは自社または自社の役職員が協議・合意制度の対象となったかどうか、すなわち他社または他社の役職員から同制度における「他人」として名指しされたかどうかまではわかりません。

　自社または自社の役職員が協議・合意制度の対象となったことがはっきりわかるのは、特定犯罪について起訴された後に、検察官から合意内容書面（→Q26）の取調べ請求（法350条の8、350条の9）に先立って証拠の開示を受けた段階になりますが、他社またはその役職員が特定犯罪の捜査の対象となっていることがマスコミによって先行して報じられ、その後に自社または自社の役職員がその関連として捜査機関による捜査の対象となっ

た場合には、協議・合意制度の対象となっている可能性があるでしょうから（問題となり得る業務を担当した役職員であればその察しはつきやすいのではないでしょうか）、その段階で、会社として迅速な初動対応をとることが必要となる場合が多いものと思われます。

2 基本的な対応

　自社または自社の役職員が「他人」として協議・合意制度の対象となった、あるいは、その可能性があることがわかった場合、会社として状況を把握するために、まず的確な事実調査（内部調査）を行うことが必要です（→Q45、Q46）。そのうえで、自社の役職員が特定犯罪に関与したことは基本的に間違いないということであれば、会社へのダメージを最小限とするために、真相解明に積極的に協力させることが大事です。不祥事を起こした場合であっても、その後の対応を的確に行い、コンプライアンスの姿勢を示すことにより、会社の社会的評価を回復させることができる可能性も生じますし、捜査に協力して真摯に反省している姿勢を示すことは、刑事責任を量定するうえでも重要な要素となることを忘れてはなりません。

　なお、検察官が他社またはその役職員と合意を成立させるに至ったような事案では、他社の役職員等の供述のみならず、それを裏付ける客観的証拠が存在することが通常であると考えられます。そのような状況にあることを忘れ、他社に先を越され、他社が刑事責任の減免というメリットを得たことに動じるなどして冷静さを欠き、隠ぺいに及んだり、不合理な弁解をしたりするようなことは、ダメージをさらに大きなものとする結果となりますから、絶対に避けなければなりません。

　もっとも、他社または他社の役職員による引っ張り込みの可能性もありますので、上記のような調査の結果、自社または自社の役職員による関与事実が確認できない場合には、捜査機関に対しても毅然とした対応をする必要があります。そのためにも、刑事事件ないし捜査実務に精通した弁護士のサポートを受け、しっかりとした事実調査を実施することが重要であ

ることは言うまでもありません。

3　協議・合意制度の利用の余地の検討など

　自社または自社の役職員が「他人」として協議・合意制度の対象となった場合でも、他社または他社の役職員の特定犯罪の捜査・公判に協力することによって、自社または自社の役職員の刑事責任の減免を得ることが可能です。複数の会社が関係するケースや同種の犯罪が反覆して行われているケースなどでは、たとえば、A社（その役職員を含む。以下も同じ）から「他人」として名指しされたB社が、今度は別事件についてA社を「他人」として名指ししたり、それまでは名前の挙がっていなかったC社を「他人」として名指しするといった具合に、いわば芋づる式に犯罪が解明されるといったことも考えられますし、捜査機関が他社の特定犯罪に関する証拠を手にしていない場合もあり得ますから、内部調査の際には、このような視点を持つことも重要です。

　ですから、「他人」として名指しされたからといって、決して諦めることなく、当該特定犯罪または関連する類似の事案について迅速かつ的確な内部調査を進め、自社または自社の役職員に対する協議・合意制度の適用あるいは結果的にその適用が受けられなかったとしても、捜査への協力姿勢が有利な情状として評価されるよう、真実の供述や信用性の高い証拠の提供に努めるべきです。

Column 9

国外で行われた犯罪についても国内で処罰されることはありますか

　これは刑法の場所的適用範囲の問題です。わが国の刑法は、原則として、自国の領域内で犯された犯罪に対しては、犯人の国籍のいかんを問わず日本の刑罰法規を適用する「属地主義※」を採用していますが（同法１条）、放火、殺人、傷害、強盗、窃盗、詐欺等の一定の犯罪については「属人主義」を採用しており、日本国民が国外でそれらの犯罪を犯した場合にも日本の刑事法規が適用されます（同法３条）。このような属人主義の例は特別法にも見られ、たとえば、外国公務員贈賄罪（不正競争防止法21条２項７号、18条１項）については、刑法３条の例に従い、属人主義が採用されているため（同法21条８項）、日本国内で贈賄行為を行った者に加え、日本国外で贈賄行為を行った日本国民についても同罪により処罰されることとなっています（そのほか、児童買春、児童ポルノ所持等の罪や組織犯罪処罰法上のマネーロンダリング（資金洗浄）関連犯罪等に同様の規定が設けられています。）。

　なお、犯罪の構成要件の一部をなす行為が国内で行われ、または構成要件の一部である結果が国内で発生した場合には、当該犯罪にわが国の罰則規定が適用されることになりますが、これは属地主義に基づくものです。たとえば、日本国内から外国公務員に対して電子メールやＦＡＸ等で利益供与の申込み、約束などが行われた場合、それに続く利益供与が海外で行われた場合であっても、全体として国内で行われた犯罪として外国公務員贈賄罪が適用されることになります（経産省「外国公務員贈賄防止指針」平成27年７月30日改訂32頁参照）。また、贈賄することの共謀が国内で行われ、それに基づく実際の利益供与が海外で行われていても、共謀自体が国内で行われている以上、同様に、国内犯として同罪の適用があります（同指針33頁参照）。

※属地主義に関連する論点として、独禁法などの「域外適用」の問題がありますが、これについてはColumn10で触れることにします。

Q48 捜査機関に安易に迎合し、協議・合意制度を利用することは危険ではないですか また、他社関係者が自社または自社の役職員を名指しした供述が疑わしい場合、具体的にどのように対処したらよいですか

A

　捜査機関に安易に迎合し、協議・合意制度を不当に利用すれば、かえって重大な不利益を招くおそれがあります。

　また、協議・合意制度の利用によって自社または自社の役職員が引っ張り込まれた疑いが生じた場合には、弁護士とも十分に相談をして、捜査機関に対しても毅然とした対応をとることが必要です。

1　協議・合意制度の不当な利用

　協議・合意制度は、被疑者等にとって刑事責任が減免されるという利点があります。企業関連犯罪においては、会社が受けるダメージを回避したり小さくしたりすることも可能です（→Q43～Q47）。

　他方で、刑事責任を免れたいという動機から、被疑者等が、捜査のターゲットとしている者の立件に必要な証拠を獲得しようとする捜査機関の意図を察し、嘘の話をする危険もあり得るところです。特に、会社の役職員が被疑者等となっている場合に、会社側が正確な事実関係を踏まえることなく協議・合意制度の利用を安直に勧めるような言動をすれば、当該役職員は、会社のためならと、そのような供述に及んでしまうおそれも大きくなるものと思われます。

　通常、検察官が被疑者等の供述のみに基づいて合意を成立させたり、ましてや「他人」を起訴するということは想定されませんので、上記のような企みは功を奏さないでしょう。かえって、協議・合意制度を「悪用」して刑事責任を不当に免れようとしたということが自分自身の事件の処分に

も悪影響を及ぼすでしょうし、場合によっては虚偽供述等処罰罪（法350条の15）により処罰されてしまうこともあります。ですから、正当な協力行為ができないにもかかわらず、捜査機関に安易に迎合して協議・合意制度を利用しようとすることは絶対にしてはなりません。

また、会社としても、的確な事実調査を行ったうえで、役職員が正当な協力行為をすることができるという場合でなければ、協議・合意制度の利用を勧めていると当該役職員に受けとられるような言動は慎むべきです。

2　引っ張り込みへの対応

会社が行った事実調査の結果、自社または自社の役職員を名指しした、他社関係者による供述が虚偽であることが判明したり、その疑いが出てきた場合には、むろん、捜査機関に対しても毅然とした対応をすることが必要です（→Q47）。

すなわち、捜査機関に対して事情を正確に説明するとともに、自社または自社の役職員の関与がないことを裏付ける資料等が存在するのであれば、捜査機関に速やかに提出することが重要です。捜査機関に対する説明の仕方や提出する資料の選別等については、これによって捜査の方向を大きく左右する可能性もありますから、刑事事件や捜査実務に精通した弁護士とよく相談し、十分なアドバイスを受けるべきです。

なお、こうした状況のなかで、マスコミから自社または自社の役職員の犯罪への関与の有無に関するコメントを求められたりすることがあるかもしれません。その場合には、自社または自社の役職員については犯罪に関与していない旨を端的に述べることになると思いますが、捜査が進行中であることからすると、事実関係を細部にわたって説明するなど、捜査妨害と受けとられかねない言動には注意すべきであり、具体的な応答要領についても弁護士と相談することが望ましいと思われます（→Q53）。

Q49 弁護人の選任に当たって留意すべき点として、どのようなことがありますか

A

　弁護人として刑事手続、特に捜査実務に詳しく、捜査機関と円滑なコミュニケーションを図ることのできる弁護士が適任です。
なお、会社の弁護人と役職員の弁護人は、利害相反のおそれがありますので、別の弁護士を起用するのが相当です。

1　刑事手続・実務に精通した弁護士の起用

　協議・合意制度の利用に当たっては、専門家、特に刑事手続や捜査の実務に詳しく経験豊富な弁護士に相談し、十分なサポートを受けることが大切です。会社やその役職員にとって、できるだけ有利な内容で合意するためには、捜査機関との深いコミュニケーションが不可欠だからです。

　協議においては、相手方である捜査機関とある種の駆け引きが必要となります。合意の結果、納得のいく見返り（処分の減免）を得るために、どの程度の供述をし、どのような証拠を提出するかを判断するためには、捜査機関の捜査の進め方や思考方法を十分理解しておく必要があります。

　検察官から協議を持ちかけられた場合、これに応じ、協議を開始して最終的に合意に至るかどうかは、協力に見合うだけの見返りを得られるのかどうか、一般的な検察官の処分の実情に照らし慎重な判断が必要です。

　また、仮に、被疑者等が協議・合意制度の利用を望んだとしても、捜査機関において、解明対象となる「他人」の刑事事件の証拠収集のうえで、被疑者等の協力行為の必要性を感じていないとすれば、合意に至る見込みは乏しいでしょうから、そうした場合には協議を開始・継続するメリットはほとんどありません。かえって、協議の過程で被疑者等の供述から派生して得られた証拠により、自社またはその役職員の立件のリスクを高める

ことにもなりかねません。

　こうした腹の探り合いをするためには、上記のとおり、刑事事件、とりわけ捜査実務に精通した弁護士のサポートが欠かせません。これは、検察官出身の弁護士に限られるというわけではありませんが、刑事弁護の経験だけではなく、捜査の実際に詳しい弁護士が適任と言えます。

2　会社の弁護人と役職員の弁護人は同じでよいか？

　まず、被疑者等と「他人」は利害が対立する可能性がありますので、その弁護人には当然のことながら、別の弁護士が就くことになります。たとえば、従業員が幹部従業員や役員の指示で犯罪行為を行った場合で、会社自身も両罰規定により立件対象となるとき、被疑者等に当たる従業員、「他人」に当たる幹部従業員、役員、会社は、いずれも弁護人が異なることになります。会社が被疑者等で、「他人」が前経営陣の場合も（→Q43）、同様です。

　ただし、事実関係に誤りがなく、利害も対立しないような場合には、弁護人が異なるからと言って、それぞれの弁護方針がばらばらというのは、会社にとって必ずしも得策ではなく、基本的には、協議・合意制度が適用されることを念頭に置き、捜査機関に対し、それぞれ適切な協力をすることが必要だと思われます。そうすることにより、たとえば、下位者の立場で犯罪を実行した従業員は合意により処分の軽減を受け、「他人」である幹部従業員、役員、会社も協力姿勢を有利な事情として考慮してもらえる可能性が出てきます。また、会社自身が被疑者等に当たる場合には、合意により訴追を免れる可能性もあります（→Q43）。

　したがって、多くの場合、基本的な弁護方針は全体的に調和させるのが望ましく、弁護人間で適切なコミュニケーションを取ってもらう必要があります。もっとも、上記のとおり被疑者等と「他人」は利害対立が生じやすい関係にあり、「他人」として名指しされた幹部従業員、役員があくまで自らの刑事責任を否定する態度に出る場合には、弁護方針の統一を図ることは困難になります。

Column 10

競争法の域外適用とは

　みなさんも、独占禁止法（以下「独禁法」といいます）等の競争法に関し「域外適用」という言葉を耳にされたことがあると思います。これは、要するに、外国で行われる競争制限行為に自国の競争法を適用できるかという問題です。たとえば、複数の外国企業が日本向け商品の価格引上げカルテルを話し合い、その合意に基づいて日本に高い価格で当該商品を輸出した場合に、日本の独禁法を適用できるかということです。管轄権の問題と言い換えることもできます。これには客観的属地主義と効果主義という考え方があります。前者は、行為が国内で行われた場合に自国の法を適用するという考え方です。後者は、行為自体は国外で行われたが、国内にその効果が及ぶ場合には自国の法を適用するという考え方です。広い意味ではどちらも属地主義に分類することができます。域外適用の問題として一般的に取り上げられているのは後者に相当するケースです（本来、行為においても結果においても自国と何らかかわりのない事案にまで自国の法を適用しようというものではありません）。

　競争法の域外適用について、多くの競争当局は域外適用を予定する法令上の規定やガイドライン等を有しており、欧米においては実際に盛んに執行されています（2016年6月経済産業省「国際カルテル事件における各国競争当局の執行に関する事例調査報告書」1頁参照）。他方、日本の独禁法の適用に関し、域外適用に触れた明文規定は存在しませんが、同法の解釈上、域外適用ができないとは考えられておらず、公正取引委員会としては、「国内市場の競争を阻害する行為については、わが国独占禁止法を構成するに足りる事実があれば、外国所在企業も独占禁止法による規制の対象となる」として（平成2年2月13日公正取引委員会事務局「ダンピング規制と競争政策・独占禁止法の域外適用」67頁参照）、域外適用を肯定する考え方を示し、実際の適用事例も少なくありません（たとえば、マリンホース事件、BHPビリトン事件、ブラウン管事件等）。

　そのほか、域外適用に関する事案として、数年前に米国で多くの日本企業が摘発され、巨額の罰金、多数の個人に対する起訴、実刑収監というショッキングな事態を招いた自動車部品カルテルの事件がありました。自動車など複数の部品で構成されている完成品の製造過程においては、各部品の製造業者が完成品の製造業者に部品を納め、その後、完成品が消費者等

に販売されます。近時のグローバル化したサプライチェーンの下、このような部品および完成品の製造、販売の多くが国境を越えた取引となっており、部品取引と完成品取引は別の国で行われることになります。このような場合、部品に関するカルテルが行われると、当該部品の価格が不当に上昇し、その価格が最終的には完成品価格に転嫁され（いわゆる間接販売分の影響）、完成品の取引国の消費者の購入価格がつり上げられるという効果をもたらすことから、完成品の取引国の競争法が適用されるということになるのです（上記経済産業省報告書10頁参照）。

なお、国外で行われた行為が自国の市場の競争性の直接かつ実質的な効果をもたらさない場合にまで、自国の競争法を域外適用することは国際的なコンセンサスを得られるものではありません。上記自動車部品カルテルの事件がそうだというわけではありませんが、米国の反トラスト法の域外適用の方針は、その範囲を超えるおそれが高く、過度の域外適用に当たるとの見方もされています（2013年版経済産業省「不公正貿易報告書」482頁参照）。

Q50 役職員の弁護人の費用を会社が負担することに問題はありますか

A

役員以外の従業員については、その弁護方針が会社の方針と基本的に一致するのであれば、弁護人費用を会社が負担することは許容され得ますが、役員については慎重な考慮が必要となります。

1 役員以外の従業員の弁護人費用

企業関連犯罪に協議・合意制度が適用される典型的な場面の１つとして、特定犯罪の被疑者等となった従業員が、自分の刑事責任を減免してもらうために役員または幹部従業員に対する捜査・公判に協力するというものがあります（この場合、両罰規定がある犯罪であれば、会社も訴追される可能性があります）[24]。このような場合に、会社が従業員の弁護人費用を負担することができるでしょうか。

まず、事実調査の結果、従業員の犯行は認められるものの、役員または幹部従業員の関与は認められない場合は、当該従業員は役員または幹部従業員を引っ張り込むため虚偽の供述をしている可能性がありますので、会社がその弁護人費用を負担することは考えにくいでしょう。

他方、役員または幹部従業員の関与も認められた場合は、当該従業員が捜査機関に対し積極的かつ全面的な協力をして協議・合意をすることは、不正行為によって生じた事態を早期に収拾し会社のダメージを最小化するための取組みとして会社の利益、ひいては株主の利益にも合致すると考え

---

[24] 仮に、当該従業員があくまで犯行を否認し、捜査機関への協力も協議・合意にも応じようとしない場合、会社とは利害が対立することになりますので、当然のことながら、会社がその弁護人費用を負担すべきではありません（たとえ現段階では当該従業員がそのような非協力的姿勢を示していないとしても、いずれ態度を変更することが容易に予想される場合にも同様です）。弁護士としても、そのような利害対立またはそのおそれがある場合に、会社の費用負担で当該従業員の弁護を受任することは弁護士倫理上問題となり得ます（弁護士職務基本規程27条等参照）。

られます。そのような見地から当該従業員の弁護人費用を会社が負担することは、取締役の経営判断として相当性に欠けることはなく、善管注意義務（会社法330条、民法644条）に違反することにはならず、許容され得ます。

また、上記の例で従業員から名指しをされた幹部従業員についても、当該従業員の供述に沿って自らの関与を肯定し捜査機関へ協力する方針をとるのであれば、やはりその弁護人費用を負担することは許容され得ます。

2　役員の弁護人費用

それでは、上記の例における役員についてはどうでしょうか。

役員についても、従業員や幹部従業員の場合と同様に、会社の方針に沿った弁護方針をとるのであれば、会社による費用負担もあり得ます。

しかしながら、役員の場合は、刑事事件に関与したこと自体が任務違反に当たりますので、会社に対し損害賠償責任を負担し（会社法423条1項）、会社がこの責任追及の訴えを提起しない場合、株主代表訴訟が提起される可能性があります（同法847条）。

このように、会社として、役員に対し、会社法上の責任追及をすべき立場にありながら、他方で、その請求原因事実である刑事事件の弁護費用を負担することは必ずしも整合せず、利益相反のおそれがあります。かえって、そのような弁護費用の負担自体が取締役の善管注意義務違反を構成する可能性も否定できません。これは当該役員が現役役員であっても元役員（たとえば前経営陣）であっても同様です。

役員の弁護費用の負担については、個別事案の具体的な事情を踏まえ、そのことが、会社の利益、ひいては株主の利益に沿うものであることを理解してもらえるよう、十分な説明責任を果たす必要があり、仮に、それが困難であれば、会社負担とするのは差し控えた方が賢明です[25]。

25　会社役員賠償責任保険（D&O保険）の保険料について、利益相反の観点から取締役会の決議等一定の手続を経ることにより会社が適法に負担することができるとの見解がありますが、そもそも、D&O保険においては、犯罪行為は免責とされています。これは役員の会社に対する損害賠償責任が有する違法抑止機能が阻害されるからですが、役員の弁護費用を会社負担とすることはこの観点からも問題となり得ます。

Q51 自社に対する捜査の状況はどのようにして把握することができますか

A

　自社に対する捜査状況を把握するためには、事情聴取された役職員からのヒアリングを実施することのほか、弁護人を通じて検察官とコミュニケーションを取ってもらうことが重要です。

1 捜査状況を把握することの重要性

　自社または自社の役職員が協議・合意制度が適用される可能性のある特定犯罪について捜査の対象となった場合には、自社に生じるダメージを最小限なものとするためにも、会社として的確に対応することが重要ですが（→Q45、Q47）、その対応を的確なものとするためには、自社または自社の役職員に対して行われている捜査の状況をできる限り正確に把握することが望ましいことは言うまでもありません。

　すなわち、協議・合意制度を利用することにより得られるメリットは自社または自社の役職員の刑事責任の減免を得ることにありますが、捜査機関がどのような事件を捜査の対象と考えているか、対象となっている犯罪についてどのような証拠を手にしているか、自社または自社の役職員の刑事責任の重さについてどのように考えているかなどについては、協議・合意制度を利用することの当否、協議申入れのタイミングなどを判断するうえで有益な情報となります。

2 捜査状況を把握する方法と留意点
(1) 事情聴取された役職員からのヒアリング

　捜査機関は捜査に関する情報を公にすることは少なく、捜査の状況を厳密に把握することは困難ですが、捜査機関から事情聴取された役職員から

事情聴取時の様子をヒアリングすることによって、その時点での捜査状況や捜査機関の意図を推測することが可能となる場合もありますし、実際、そのようなヒアリングを実施している例も多いものと思われます。

具体的には、捜査官からどのような質問を受けたか、どのような証拠を示されたか、他社の関与について何か示唆されたかといったことを聞きとることによって、捜査機関がその時点でどの程度の証拠を手にしているか、どのような事実関係に関心を持っているか、複数の被疑者が存在する場合や余罪の存在が疑われる場合に捜査機関としてのターゲットをどこに置いているのかなどが推測でき、それが会社として協議・合意制度の利用を検討するに当たって有益な情報となる場合も考えられます。

ただし、ヒアリングの仕方やヒアリングによって得られた情報の用い方によっては、組織内での口裏あわせや関係者への口止め等の工作に及んでいるのではないかという疑いを受けたりして、捜査機関の対応が厳しいものとなったり、社会的な非難も浴びたりするおそれも否定できません。

そのようなリスクを回避するためにも、ヒアリングを実施する場合には、捜査実務に通じた弁護士に相談して、ヒアリングの方法等についてアドバイスをもらうことが望ましいと考えられます。また、ヒアリング内容の共有は、社内調査チームのごく限られたメンバーにとどめたうえ、保秘を徹底し、理由のいかんを問わず、当該犯罪にかかわった、ほかの当事者（共犯者）に伝わることのないようにしなければなりません。

Q51

（2）弁護人を通じた検察官とのコミュニケーション

協議・合意制度は検察官と被疑者等・弁護人との間の取引的な性格を持つものですから、検察官としても、特に弁護人とは、密にコミュニケーションを取り、交渉をスムースに進めようとすることが考えられます。その意味で、弁護人が検察官と適宜なタイミングでコンタクトを取って情報収集することにより、捜査状況や検察官の意図を探ることも可能となる場合もあると思われます。

Column 11

米国の量刑ガイドラインとは
どのようなものですか

　米国では、量刑ガイドライン（Sentencing Guideline）が定められ、1987年から運用されています。量刑ガイドラインは、1984年量刑改革法（Sentencing Reform Act）に基づいて設置された量刑委員会（Sentencing Commission）によって作成されたものであり、その目的は、量刑における不合理なばらつきをなくすために、あらかじめ裁判所の量刑の基準となるガイドラインを定めるというものです。量刑ガイドラインは、当初は個人に対するものが作成され、その後、1991年には組織体に対するものが作成されています（企業に対する処罰はこのガイドラインが適用されます）。

　量刑ガイドラインにおける量刑範囲の決定は複雑なものとなっていますが、概略を示すと、個人の場合には、犯罪類型ごとに定められた犯罪の基本等級（base offense level）および固有の犯罪特性指数（specific offense characteristics）により基礎となる等級を決め、被害者関連事項（victim-related adjustments）、役割（role in the offense）、司法作用への妨害（obstruction and related adjustments）、責任の受諾（acceptance of responsibility）等の要素によりこれを修正し、最終的な等級を決定し、被告人の犯罪歴（criminal history）等との相関によって導かれる量刑表から量刑範囲が決まるという仕組みになっています。

　また、組織体の場合（犯罪を目的とする組織体ではない場合）には、犯情等の要素によって犯罪の等級を決定し、罰金表に定められた金額が導かれます。そして、この金額、犯罪によって組織体が得た財産上の利益額、故意に生じさせた財産上の損害額のうちの最高額が基礎罰金額（base fine）となり、犯罪行為への関与または容認（involvement or tolerance of criminal activity）、違反歴（prior history）、命令違反（violation of an order）、司法妨害（obstruction of justice）という加重要素、効果的なコンプライアンスおよび倫理プログラムの存在（existence of an effective compliance and ethics program）、自己申告・協力・責任の受諾（self-reporting, cooperation, or acceptance of responsibility）という減軽要素から算出される指標によって基礎罰金額に乗じる倍数のランクが決定され、罰金額の範囲が計算されるという仕組みになっています。

　起訴罰金額に乗じる倍数のランクは責任スコア（Culpability Score）に

応じて定められています。たとえば、責任スコアが10ポイント以上の場合は、2倍から4倍、1ポイントの場合は0.2倍から0.4倍とされています。組織体の責任スコアの決定方法の概略は次のとおりとなっています。
① まず5ポイントが付されます。
② 「犯罪行為への関与または容認」上級職員の関与があったときは、従業員数に応じて5ポイントないし1ポイントが加算されます。
③ 「違反歴」10年以内に違反歴がある場合は1ポイント加算されます。5年以内の場合は2ポイント加算されます。
④ 「命令違反」裁判所の命令違反の場合は、2ポイントないし1ポイントが加算されます。
⑤ 「司法妨害」捜査、訴追などを妨害するなどした場合は3ポイント加算されます。
⑥ 「効果的なコンプライアンスおよび倫理プログラムの存在」違法行為の防止・発見のための効果的なプログラムを作成していたときは3ポイント減算されます。ただし、違反行為に気付いた後に当局への報告を合理的な理由なく遅らせた場合や上級職員が違反行為に関与していた場合などには減算されません。
⑦ 「自己申告・協力・責任の受諾」違反行為の発覚前または捜査の着手前に、迅速に、当局に報告し、捜査に全面的に協力し、違反行為の責任を積極的に引き受けたときは5ポイント減算されます。捜査に全面的に協力し、責任を積極的に引き受けたときは2ポイント減算され、責任を積極的に引き受けただけのときは1ポイント減算されます。

このように、量刑ガイドラインを適用していくことにより、犯罪ごと、被告人ごとに、言い渡される量刑の範囲がある程度特定されるうえ、量刑ガイドラインによって定められる量刑範囲はかなり狭いものとされている（上限は下限の25％または6ヵ月増しを超えてはならないとされています）ことからも、有罪となった場合にはどの程度の量刑となるかが予測できることになります（特別な事情がある場合には、量刑ガイドラインによる量刑範囲を超えることも許容されていますが、その場合には裁判所はその事情を示さなければならないこととされています）。

Q52 協議・合意制度を適切に利用するため、会社として、日頃からの取組みにおいて留意すべき点として、どのようなことがありますか

A

協議・合意制度を適切に利用できない場合、自社の役職員だけではなく、会社にとっても好ましくありません。処分の減免を受けられないばかりか、事案の解明に消極的であるとの印象を世間に植え付け、会社の姿勢そのものが疑問視される結果、社会的信頼が著しく低下するおそれがあります。また、代表訴訟リスクも軽視できません（→Q55）。そこで、早期に適切な対応ができるよう、平時から社内体制等を構築・整備しておくことが不可欠です。

1 協議・合意制度を適切に利用できないことによるリスク

自社の役職員が、業務に関連し、特定犯罪に何らかの関与をしたとします。ここでは、当該犯罪行為が共犯事件など複数の者が関与する事件を念頭に置きます[26]。この場合、①共犯者、つまり「他人」が社内（あるいはグループ内）にだけしかいないケースと、②社外（たとえば同業他社の役職員）にもいるケースが考えられます。いずれにしても、会社としては、深刻な企業不祥事として有事対応の基本に則り所要の対策[27]を緊急に講じていく

---

[26] 「他人」の刑事事件を解明するための制度ですから、単独犯によるものはひとまず除外します。ただし、当該犯罪行為自体が必ずしも共犯事件である必要はなく、仮にそれ自体は単独犯であっても、関連する別の犯罪行為に関する情報や資料を有しているという場合には、協議・合意制度の対象となります（→Q9）。たとえば、贈収賄事件は、いわゆる共犯事件ではありませんが、収賄者と贈賄者という複数の者が関与します（学問的には「対向犯」と呼びます）。

[27] たとえば、社内の情報集約・連絡体制の確立、早急な事実関係の調査・把握（内部調査委や第三者委の立上げを含む）、原因究明、同種案件の有無等の確認、再発防止策の検討・実施、内部処分、関係官庁への報告等の対応、広報（マスコミ対策等）・情報開示等々の措置を優先順位を付けつつ適時適切に講じていかなければなりません（→Q46、Q53等）。

必要があります。協議・合意制度は、独禁法の課徴金減免制度（リーニエンシー）と並んで、会社として至急の対応が迫られる事項の1つです。

①のケースで、仮に、実行者である部下が犯行を認めながらも、組織のしがらみから上位者をかばいたいなどという動機から協議・合意制度の利用に応じない場合、事案の軽重にもよりますが、実行者からの協力が得られないことで会社としての捜査への協力にも支障が生じるため、会社自体も、捜査機関の本格的な捜査対象となり、時として大々的かつ長期間の強制処分（逮捕・勾留・捜索・差押え等）にさらされるおそれがあります。

また、部下が協議・合意制度の利用に応じた場合であっても、それが、個人の判断に基づき、会社のあずかり知らないうちに手続が進められた場合、対応が後手に回り、捜査機関の捜査活動に的確に対応できず、世間からも捜査への協力姿勢が後ろ向きととられ、場合によって責任逃れ、隠ぺいといった厳しい批判を浴びる可能性さえあります。

さらに、両罰規定のある犯罪にあっては[28]、実行者自身が協議・合意制度の利用に応じなければ、会社として被疑者等の立場で同制度の適用を望んだとしても、事実上困難なため、不起訴処分等のメリットを受ける機会を失うおそれもあります。両罰規定により会社はある程度高額の罰金刑を覚悟しなければならないことはもとより、そのような刑罰にともない、各種業法上の許認可欠格事由に該当してこれを取り消されるとか（たとえば建設業、廃棄物処理業、債権回収業など）、競争参加資格の停止や取引停止等の措置を受けるといった業務上の不利益に加え、刑事手続そのものにともなう負担や犯罪や前科といった負のイメージがもたらす信用・ブランドの低下といったレピュテーショナルダメージの方がより深刻だと思われます。

加えて、協議・合意制度を適切に利用できなかったことにより会社に損

---

[28] 両罰規定に関し、判例は、行為者である従業者と業務主（会社）の処罰がそれぞれ独立に行われるとしており、従業者を処罰しない場合でも会社を処罰することは可能と解されていますので（最二決昭31年12月22日・物品税法違反被告事件）、従業者は協議・合意制度に基づき訴追免除はされても、会社自体は同制度の適用がなければ両罰規定による訴追・処罰を免れないということはあり得ます。

害が発生した場合には、代表訴訟リスクもつきまといます（→Q55）。

他方、②のケースでは、当該犯罪に関与した他社ないしはその役職員との、捜査貢献ないし合意の獲得に向けた競争の問題が生じてきます（→Q44）。うかうかしていれば、他社に先を越され、自社やその従業員が協議・合意制度のメリットを享受できないおそれも考えられます[29]。

2 早期対応とそのための社内体制の構築・整備の必要性

役職員が業務に関連した犯罪に関与した疑いが浮上してきた場合、会社としてやらなければならないことは、速やかに事実関係を調査し、その結果、犯罪関与の事実を把握できれば、一刻も早く、関与した役職員を捜査に全面的に協力させるとともに（仮に捜査機関に発覚していなければ、自首になります）、会社としても全面的な協力姿勢を示すことです。非協力・協力遅延の代償は高くつきかねません。部下従業員の供述により、社内で影響力を持つ役員ないし幹部職員（経営トップを含む）の関与があぶり出される場合もありますが、会社としては、泣いて馬謖（ばしょく）を斬る覚悟で、毅然として、捜査協力の姿勢を保持していくべきでしょう[30]。そうすれば、関与した個人のみならず、会社自体にも、協議・合意制度に基づく訴追免除合意のほか、同制度に基づくものではないとしても、情状を考慮しての不起訴処分というメリットが現実化してきます。そして、何より、会社自

---

[29] 供述や提出証拠に相当程度の信びょう性が認められれば、捜査機関への申告は早いに越したことはありません。捜査の流動性に照らせば、初期の段階の情報提供が最も真相解明への貢献度が高く、逆に、後になればそれだけ価値＝希少性は失われていきます。

[30] 部下が幹部から「犯行を指示された」と供述しているのに対し、当該幹部はこれを否定している場合、両者の利害は対立することになります。このような場合、会社のスタンス決めは容易ではありませんが、事実関係の調査を進めるなかで、刑事実務に詳しい弁護士等の助言も受けながら、ある程度の事実認定をすることも可能でしょうし、厳密な事実認定ができず真偽不明とせざるを得ない場合でも、会社の業務遂行に絡んで犯罪行為が行われたことが間違いないのなら、捜査へ誠実に協力するという姿勢自体は変わらないはずです。なお、このように社内に複数の共犯者がいる場合（特に、部下職員と幹部のように立場の異なる者）、常に利害相反のおそれをはらんでいますので、原則として、それぞれ、異なる弁護人を選任するように仕向けるべきです（会社とも異なる弁護人にした方がよいでしょう）（→Q49）。

体が、このような迅速かつ全面的な捜査協力の姿勢を示すことで、不祥事の徹底究明・再発防止に向けた真摯な覚悟を世間に理解してもらいやすくなり、事態の早期収拾や今後の企業の信用・イメージの回復にも資することになると思います。仮に大勢にさしたる影響のない細かい事実関係に齟齬があるとしも、基本的事実関係に間違いがなければ、大局的見地からあえて全面協力の姿勢をとる方が賢い選択と言える場合もあるでしょう（もちろん、捜査機関側の事件の見立てがおよそ筋違いであるとか、主要な点で誤認があるような場合には、主張すべきは主張し、争うべきは争い、真相を曲げた安易な迎合をすべきではありません）。関与した他社との関係では、前記のとおり、ある種の「競争」になりますが、いち早く「全面降伏」の姿勢を示すことが、時として戦略的見地から有効な防御にもなり得るということです。

こうした早期かつ果断な対応のために求められる日頃からの取組みは次のとおりです。

まず、役職員による犯罪行為の疑いを会社として早期発見するため内部通報制度および社内リーニエンシーを構築・整備することです（→Q54）。

平時から、有事対応マニュアルを整備し、対応責任者から経営トップまでの明確なレポートラインを確立するとともに、決定権限を明確化し（迅速な対応が必要ですので、できるだけ単純化し、経営トップにストレートに情報が集約され、速やかな判断ができることが肝要です。また、緊急時における決定権限の委譲を定めておくことも有用です）、可能であれば、実際の有事を想定したシミュレーション等を行っておくのが望ましいと思われます。

もちろん、その後の迅速な事実確認のために、適切な調査体制（コンプライアンス部門、内部監査部門、法務部門等が連携し、非関与者で関連事業部門の実情に精通する者の支援を受けるなど）を整備しておくことは欠かせません。これらは、有事一般に共通することですが、こと協議・合意制度においては、捜査実務に精通し、緊急時にも対応してくれる弁護士を確保しておくことが決定的に重要だと言えます。

さらに、協議・合意制度における会社としての重要な対応（協力行為）の1つは、繰り返し申し上げているように、捜査機関に信頼性の高い証拠を提供することです。ただ、いざそうした証拠を提出しようと思っても、関連する資料や記録が散逸してしまい、どこにあるのかわからない、廃棄・消去してしまった可能性がある、あるいは、そもそも保管・保存自体をしていたかどうかも定かではないといった事態も十分あり得ます。それでは、適切な対応などおよそ困難でしょう。他社が文書等の管理をきちんと行っている会社であれば、当然、先んじられる可能性があり、しかも他社に有利なストーリーで捜査が進んでしまうおそれさえあるでしょう。そのようなことがないようにするためには、日頃から、正確な業務記録の作成、文書その他の資料（電子データを含む）の保管・管理に関するルールの整備、後日の検索可能性を確保できるような体系的整理の確立などが必要ではないでしょうか。なお、これに関連し、重要証拠の発見のために専門会社によるeディスカバリ（米国の民事訴訟手続における証拠開示手続のうち電子データを対象としたもの）の支援サービスを利用したり、日頃からの文書等のデータ管理に必要なアドバイスを求めることも有用です。

> **MEMO －独禁法における裁量型課徴金制度について－**
>
> 　現在、政府において、独禁法上の課徴金の賦課及び課徴金の額について公取委の裁量を認める課徴金制度の導入が検討されています。本年（平成29年）4月25日公表の「独禁法研究会報告書」には、この制度の在り方に関し、課徴金算定の基礎となる売上額の見直し、算定期間の上限撤廃・延長、算定率の変更、課徴金減免制度における証拠価値に基づく裁量的な減算率の決定、継続協力義務、調査妨害に対する加算制度等、多くの考え方が示されています。
>
> 　仮に、こうした制度が導入されると、課徴金減免制度は、検察官の訴追裁量権を基礎とする協議・合意制度とかなり似通ったものになるといえます。たとえば、課徴金減免申請において、公取委に提供する証拠の証拠価値が課徴金の減算率に影響することになれば、十分な内部調査を尽くし、可能な限り重要で信用性のある証拠を見つけ出して提供する必要があり、また、継続協力義務に照らしても、減免申請後も、引き続き調査を継続して重要証拠の発見に努め、その都度提供していく必要があります。協議・合意制度においても、これとまったく同様の対応が求められると考えておくべきでしょう。

Column 12
課徴金減免制度(リーニエンシー)における減免内容

① 申請事業者数

　課徴金の減額(または免除)が適用される事業者数は最大5事業者までです。ただし、公正取引委員会による調査開始日(同委員会が違反行為について立入検査または捜索を行った日をいいます)以後の申請者では3事業者までとなっています。表にすると以下のようになります(表の最下欄のとおり、調査開始日前にすでに5社の申請がある場合、調査開始日以後の申請はできないことになります)。

調査開始日前	調査開始日後
1社	3社
2社	3社
3社	2社
4社	1社
5社	なし

② 申請順位と減免率について

　調査開始日前の1位申請者は課徴金が全額免除となり、それ以下の順位の申請者はその順位等に応じ、減額率が異なっています。表にすると以下のようになります。

調査開始日前の1位申請者	100%減額(免除)
調査開始日前の2位申請者	50%減額
調査開始日前の3位〜5位申請者	30%減額
調査開始日以後の申請者	一律30%減額

　以上のように、この制度の基本的な仕組みは、より早く申請をした事業者にはより大きく課徴金を減額するというところにありますので、他の事業者に先駆けて自社が関与しているカルテル・談合等の違反行為を発見することは非常に重要ということになります。

Q53 適切なマスコミ対応のために留意すべき点として、どのようなことがありますか

A

　マスコミ対応は、不祥事の事後対応において、非常に重要であるにもかかわらず、多くの事例で失敗が繰り返されています。

　マスコミの向こうに、会社を取り巻く多くのステークホルダーがいることを常に意識し、情報の受け手の立場に立ち、誠実で正確な情報開示を行っていくことが大切です。

1　不祥事対応における基本的な視点

　どんな予防措置を講じたとしても完全ではなく、不祥事の発生はある意味で不可避と心得ることが必要です。いざ不祥事が発生するとそのこと自体で冷静さを失い、右往左往するあまり、統一性のとれない対応をしてしまうことがあります。当事者意識も希薄になりがちです。

　やはり、説明責任を尽くす、二次不祥事を防止する、できる限り早期の信頼回復を図るという本来の目的を常に忘れず、そのために必要な措置を講じていくことが重要です。

　そして、あえて守らない、という発想も必要です。「会社を守りたい」という発想が勝ちすぎると、保身の意識が働き、事態を矮小化したいという動機につながり、そして、事実の歪曲化、証拠の隠ぺい・隠滅、情報の恣意的な操作といった行動に現れます。これは、上記の目的を忘れた、いわば自殺行為です。腹をくくった大胆な発想でこそ、乗り切ることができると思います。

2　マスコミ対応において留意すべき点

　公表・広報はさまざまな段階で、しかも事実調査も十分ではない段階で

も対応を迫られることがありますので、対応が非常に困難であることは事実です。マスメディアに加えてSNSが盛んな現代社会では、公表・広報でのつまずきが大きなダメージにつながります。これまで、対応を誤ったため、社会から激しいバッシングを浴びた例は枚挙にいとまがありません。

そこで、マスコミ対応においても1で述べたような視点を念頭に置いたうえ、次の点に留意することが必要です。

① まず、不祥事を起こしたこと自体で非難されることを過度におそれるべきではありません。むしろ、どのように対処したかで、会社の評価は大きく左右されます。
② 次に、記者の背後にいるステークホルダーを意識することです。組織の内輪の論理、組織防衛、責任転嫁と受けとられる表現は厳に慎まなければなりません。聞き手の立場に立ち、発言がどのように受けとられるかということを意識すべきです。
③ 公表（広報）の目的をわきまえ、誠意を持った対応をすることが必要です。記者の辛辣で執拗な追及につい感情的になり、不用意に責任回避的な言動に及び、世間の強い反発を買ってしまう例は少なくありません。決して感情的にならず、丁寧で粘り強い説明を心がけるべきです。
④ そして、決して嘘をつかないことです。これは意図的に虚偽の説明をしないということだけではありません。結果として事実と異なる説明をするということも避けなければなりません。そのため、明確・明白な事実とそれ以外の事実をはっきり区別し、後者について推測・予想のたぐいは述べることは厳禁です。
⑤ さらに、速報性・リアルタイム性を重視することも必要です。事実関係が確認できていない段階での情報開示はかえって社会を混乱させるおそれはありますが、そうかといっていたずらに先延ばしをすることも憶測を呼び、間違った情報が飛び交うおそれがありますし、隠ぺいとの批判も招きかねません。確認できている情報をその根拠とともに

随時開示していくことも検討すべきです。マスコミから追い立てられ、やむなく情報開示するという受け身の姿勢ではなく、主体的にコントロールするような戦略的発想が求められます。
⑥　今は、経営トップのリーダーシップが強く求められる時代です。事案の軽重にもよりますが、要所要所では経営トップ（代表取締役）が自ら記者会見に臨み、的確な発言をすることが、事態を早期に鎮静化させ、毀損された信頼を回復するために必要となります。逆に経営トップが姿を見せないとか、姿を見せても無責任で曖昧な発言に終始すれば、会社の信用はそれこそがた落ちとなるでしょう。

3　協議・合意制度との関係で気をつけるべき点

　協議・合意制度が問題になる場合、基本的には捜査にかかわる事項をむやみに口外してはなりません。たとえば、未だ「他人」に対する捜査が進行している段階で、検察官との協議経過・内容、合意の有無・内容などを発表することは捜査機関の捜査遂行の妨げになるおそれがありますので、公にすることは避けるべきです。せいぜい「事案の解明のため、捜査に必要な協力をしている」程度のコメントにとどめるのが得策です。もっとも、マスコミ対応が不十分になると、無責任との批判を招き、会社の社会的信用を大きく失墜させるおそれがありますので、事案の概要や会社としての受け止め方などについてはきちんと説明する必要があると思われます。

　他方、「他人」が起訴された後の段階では、合意自体については、合意内容書面の取調べという形でいずれ法廷において明らかになることですので（→Q27）、対外的なコメントを求められた時点での具体的状況を踏まえ、刑事手続の進行に特段の支障が生じることがなければ、合意したかどうか、その理由（たとえば「会社として社会的責任を果たすため事案の真相解明に全面的に協力することが不可欠と考えたから」という趣旨のコメントになると思われます）、合意に基づく協力行為の種別（供述・証言または証拠の提出）といった事項について言及することは差し支えないと思われます。ただし、

供述・証言や証拠の具体的内容については、法廷における証拠調べが行われる前に、口外することは避けなければなりません。

　以上、いずれにしても、対外的な応答をするうえで、疑問等があれば、弁護人を通じ検察官に助言を求めるということが考えられます。

Q54 内部通報制度と同様に、不正行為の早期発見のために、協議・合意制度を効果的に利用することはできますか

A

　今後のリスク管理上、協議・合意制度を内部通報制度と同様に不正行為の早期発見の手段として位置付けていくことができます。そのためには、社内教育・研修を通じ、広く役職員（グループ会社を含みます）に対し、協議・合意制度の意義等を正しく理解させる必要があります。

1　協議・合意制度の有用性

　協議・合意制度は、会社として、特に、組織的不正によるダメージをできるだけ抑えたい場合には、ぜひとも有効活用すべき仕組みです。役員や管理職クラスの社員が犯罪行為に加担していた場合、会社に及ぼす影響はそれ自体重大ですし、当該役職員に私利私欲がなく、会社や他の社員への貢献を意図していたときには、なかなか割り切った判断をしにくいでしょう。しかしながら、必要以上の犠牲を抑え、社内外の動揺を一刻も早く沈静化させ、多くのステークホルダーに対する責任を適切に果たしていくためには、早期に社内関与者を含め全社的に真相解明に積極的に協力していくという決断をすることが肝要です（→Q45）。

2　不正行為の早期発見の重要性

　どんな精緻な内部統制の仕組みを作っても絶対ということはありません。企業不祥事はある意味で避けられないものと心得るべきです。

　違法行為に関与する社員は例外ではなく、いかに優秀で真面目な社員でも状況次第ではそのおそれは常にあります。「防止」に過度に力点を置くと、たとえば、詳密すぎるチェックが自己目的化して通常業務に支障を来したり、新たな過誤・不正を招いたりといったマイナス面が出てきます。さら

に、いざ不正が発覚するや、起こるべきではないことが起こってしまったとの思いから、冷静な対処ができず、時に組織的隠ぺいに走ってしまうおそれもあります。

　今後のリスク管理においては、防止以上に、早期発見および被害拡大の防止と適切な事後対応が一層重要になります。

3　内部通報制度と協議・合意制度

　不正の早期発見において最も効果的なツールの1つは、社員等の関係者からの内部通報です。

　これに対し、内部告発は、社外のマスコミ、行政当局等に直接情報提供されるため、会社が主体的に対応することは困難で、自浄作用がなかった現れとも見られます。内部通報への対応が不十分だったため内部告発に至り、当該企業が大きなダメージを受けるという例は現実にあります。

　会社の規模にもよりますが、個々の不正やその兆候は、水面下で生じているだけに、なかなか経営トップには届きにくいものです。そのため、不正にまつわる事情をよく知る関係者からの情報提供は特に貴重です。

　内部通報制度は多くの企業で採用されていますが、必ずしも有効に機能しているとはいいがたいようです。その対策の1つとして、社内リーニエンシーという制度があります。不正にかかわっていた者が自主的に申告してきた場合、その事実を社内処分に当たり有利に考慮する仕組みで、これにより通報者の心理的な垣根を低くしようというものです。真相解明に協力した見返りに処分を軽減する点で協議・合意制度とも似ています。よく機能すれば、不正の早期発見の手段として非常に有効と思われます。

　こうした制度により、他の関与企業に先んじて、社内でいち早く不祥事を発見し、カルテル等の独禁法違反の場合には、速やかに公取委に報告をして課徴金減免の申請をするとともに、刑事手続においても、検察官と協議し、合意のうえ、不起訴処分を含むできるだけ軽い処分で収めることができれば、事態の早期収拾を図り企業の信頼回復への道筋を付けることも

Q 54

できます。

　役職員に向け、このような協議・合意制度の意義を理解させ、その利用が企業のダメージを軽減することにつながり得るという認識を徹底することにより、関与者の早期申告を促し早期発見にも役立つことになります。平たく言えば、「協議・合意制度というものがあって、これを使えば犯罪に関与した場合でも、より重い責任のある者の捜査に協力すれば許される場合があるし、会社のダメージも軽減される可能性が大きい。だから、万が一、犯罪に及んだ場合には、早く申告しなさい」ということを日頃から役職員に徹底しておくということです。

　会社の今後のリスク管理のうえで、内部通報制度、社内リーニエンシーの延長線上に協議・合意制度を位置付けることが望まれます。

Column 13

株主代表訴訟と取締役等の善管注意義務

　株主代表訴訟とは「責任追及等の訴え」（会社法847）のうち株主が提起する訴えです。会社が取締役等の責任追及を怠る事態があり得るので、株主が、会社に代わり、取締役等に対し訴えを提起するというものです。この場合、株主が勝訴しても当該株主に直接に利益が帰属するわけではないため、訴訟の目的の価額の算定につき財産権上の請求ではない請求に係る訴えとみなされ（同法847の4第1項）、申立ての手数料は一律1万3000円とされています（民事訴訟費用等に関する法律3条1項、4条2項および別表第一）。このように手数料が低額化されているため、代表訴訟の提起は比較的容易です。

　取締役等は、職務執行につき善良な管理者としての注意義務（善管注意義務）を負います（会社法330条、民法644条）。取締役等が善管注意義務に違反して会社に損害を与えた場合には、その任務を怠ったものとして損害賠償の責任を負います（会社法423条1項）。このような損害賠償責任の追及方法の1つが上記の株主代表訴訟なのです。

　取締役の業務執行は不確実な状況で迅速な判断を迫られる場合が多いため、善管注意義務が尽くされたか否かの判断は、行為当時の状況に照らし合理的な情報収集・調査、検討等が行われたかどうかと、それを踏まえた判断が不合理ではなかったかを基準になされるべきであり、事後的・結果論的な評価がなされてはなりません。その意味で取締役等には経営上の判断において広い裁量が与えられています（経営判断の原則）（江頭憲治郎『株式会社法第6版』有斐閣、2015年、464頁参照）。

　取締役等の任務には法令を遵守して職務を行うことが含まれます（同法355条）。上記の経営判断の原則も、取締役等が法令の遵守を含め職務を誠実に執行することを前提としています。ですから、刑罰法令に違反する行為を是とする経営判断は許されず、当然、取締役等の責任原因となります。

　協議・合意制度の適切な利用を怠った場合、それ自体が法令違反というわけではありませんが、適切な利用をしていれば会社として処分の減免を受けることが可能であったのに、それをしなかったため会社に損害が生じたとすれば（たとえば、罰金納付、余分な訴訟関連費用の支払、信用毀損等）、取締役等の任務懈怠に当たると判断されるリスクは十分にあります。

Q55 協議・合意制度を適切に利用しなかった場合、代表訴訟リスクはありますか

　独禁法上の課徴金減免制度（リーニエンシー）と同様に、協議・合意制度を適切に利用しなかった場合、会社の役員は株主代表訴訟（→Column 11）により損害賠償請求を求められるおそれがあります。

1　協議・合意制度を適切に利用できないことによるリスク

　Q52で述べたように、協議・合意制度を適切に利用できない場合、次のようなさまざまなリスクが高まります。

① 　捜査機関から強制捜査を受けるリスク
② 　①にともない、世間からの厳しい批判（責任逃れ、隠ぺい）
③ 　会社自体が不起訴処分等の恩恵を受ける機会を喪失
④ 　刑事手続そのものにともなう負担、
⑤ 　各種業法上の許認可欠格事由に該当、競争参加資格の停止や取引停止等の業務上の不利益を被るリスク
⑥ 　深刻なレピュテーショナルダメージ

2　要注意～代表訴訟リスク

　さらには、協議・合意制度を適切に利用できなかったことにより[31]会社に損害が発生した場合には、代表訴訟リスクがつきまといます。

　前例として、独禁法上の課徴金減免制度（リーニエンシー）に関するものですが、住友電工カルテル株主代表訴訟があります。これは、リーニエ

---

[31] この場合の利用には、会社として、協力行為の見返りに処分の減免を受ける「被疑者等」としての利用のほか、自社の役職員に適切な利用を促すことも含まれます。

ンシーの活用が遅れて多額の課徴金を同社が支払わざるを得なくなったのは、内部統制システムの構築義務を怠ったからであるとして、株主から代表訴訟が提起された事案です。この事案では、最終的に和解が成立しましたが（平26年5月7日大阪地裁）、和解金は過去最高とされる5億2000万円に上りました。

今後、協議・合意制度が定着するにつれ、その適切な利用を怠った場合には、それ自体が取締役等の善管注意義務違反（会社法330条、民法644条）を構成すると解釈されるようになると考えられます。社会の耳目を集める不祥事案になると、多くのケースで株主代表訴訟が提起されており、なかには、数十億から数百億円という巨額の損害賠償を命じる例[32]も散見されます。

こうしたことを踏まえれば、経営陣である役員として、日頃から、協議・合意制度の有効活用について、正しい知識・理解を持ち、社内関係者による犯罪行為が発覚した場合には経営陣が率先して取り組むべき重要な経営課題の1つと認識してもらう必要があります。

---

[32] 取締役ら、監査役ら11名に対し総額約830億円の損害賠償が認定された大和銀行株主代表訴訟（大阪地判平12年9月20日）、取締役5名に対し約583億円の請求が認められた蛇の目ミシン株主代表訴訟（東京高判平20年4月23日）、取締役に対し約67億円の損害賠償請求が認められたヤクルト株主代表訴訟（東京地判平16年12月16日）、取締役、監査役らに対し約2億円～5億円の損害賠償請求が認められたダスキン株主代表訴訟（大阪高判平18年6月9日）など。

Q56 企業関連犯罪の量刑の実情はどのようになっていますか

A

　企業関連犯罪のうち、脱税事件、独禁法違反事件、金商法（証取法）違反事件、外国公務員贈賄事件について、量刑の動向等を分析します。企業関連犯罪に限らず、裁判は事件ごとの事情を踏まえて示されるものであり、一般的に、量刑の見込みを示すことは困難ですが、相当数の事例の集積があるものについては、その大まかな傾向を分析することは可能です。

1　脱税事件について［巻末資料3］

　脱税事件は、最近5年間では毎年100件弱から150件程度の判決が出されており、そのほとんどが有罪判決となっています（無罪判決は5年間で4件）。起訴された自然人については、平均して1年から1年6ヵ月の懲役刑が宣告されていますが、その多くに執行猶予が付されています。法人が起訴された場合も含めた罰金額の平均は最少の年で1200万円であり、最多の年では2300万円となっています。

2　独禁法違反事件について［巻末資料4］

　公正取引委員会は、平成3年以降についてみると、これまで16件の独禁法違反事件について検察庁に告発をしており、いずれの事件も起訴されて有罪判決が出されています。注目すべきは、法人に科された罰金額の推移です。不当な取引制限の罪（価格カルテル、入札談合はこの罪に該当します）の法人に対する法定刑の上限は、平成5年独禁法改正により500万円から1億円に引き上げられ、さらに、平成14年改正により5億円に引き上げられています。この法定刑の引上げに連動するようにして法人に科される罰金額は高くなっており、平成12年2月23日に判決が出された事案で1億

3000万円の罰金が科されて以降は1億円を超える罰金も多くなっています。これまでに科された罰金の最高額は6億4000万円となっています。

3　金商法（証取法）違反事件について［巻末資料5］

金商法違反事件は、以下のように大別されます。

- 情報開示規制に関する罪である虚偽有価証券報告書等提出罪（金商法197条1項1号～4号の2）
- 不公正取引に関する罪である風説の流布、偽計、暴行・脅迫の罪（同法197条1項5号、158条）、相場操縦の罪（同法197条1項5号、159条）、インサイダー取引の罪（同法197条の2第13号、166条、167条）等

虚偽有価証券報告書等提出罪で有罪となった事例においては、実刑判決が比較的多くあり、実刑期間も相当長期に及んでいるものもあります。企業関連犯罪では執行猶予が付されることが多い傾向にありますが、情報開示規制に関する罪である虚偽有価証券報告書等提出罪は、一般投資家の投資判断に影響を及ぼしかねず、適正な情報開示がされることが前提となる証券市場の信頼を揺るがす点で厳しい非難に値するという裁判所の姿勢が表れているものと考えられます。なお、不公正取引に関する罪は不公正な取引によって利益を得ることを内容とする罪ですから、裁判の量刑についても利得額が影響を与えるものと思われます。

4　外国公務員贈賄事件について［巻末資料6］

不正競争防止法に規定されている外国公務員贈賄罪（同法18条1項、21条2項7号、22条1項3号）は、平成10年の不正競争防止法改正によって新設された罪であり、これまでにこの罪で裁判を受けた事件は4件です。

裁判結果を見ますと、外国公務員に対して供与した金品の額が検察官の処分や裁判所の量刑に影響しているように見受けられますが、多額の金品を供与したケースでは会社に多額の罰金が科されていることに留意すべきと思われます（法人に対する罰金刑の上限は3億円です）。

第 III 部

資料

【資料１】協議・合意制度に関する刑事訴訟法の条文（抜粋）

第四章　証拠収集等への協力及び訴追に関する合意（平成28年法54本章追加）

第一節

〔合意〕
第三百五十条の二　検察官は、特定犯罪に係る事件の被疑者又は被告人が特定犯罪に係る他人の刑事事件（以下単に「他人の刑事事件」という。）について一又は二以上の第一号に掲げる行為をすることにより得られる証拠の重要性、関係する犯罪の軽重及び情状、当該関係する犯罪の関連性の程度その他の事情を考慮して、必要と認めるときは、被疑者又は被告人との間で、被疑者又は被告人が当該他人の刑事事件について一又は二以上の同号に掲げる行為をし、かつ、検察官が被疑者又は被告人の当該事件について一又は二以上の第二号に掲げる行為をすることを内容とする合意をすることができる。
一　次に掲げる行為
　　イ　第百九十八条第一項又は第二百二十三条第一項の規定による検察官、検察事務官又は司法警察職員の取調べに際して真実の供述をすること。
　　ロ　証人として尋問を受ける場合において真実の供述をすること。
　　ハ　検察官、検察事務官又は司法警察職員による証拠の収集に関し、証拠の提出その他の必要な協力をすること（イ及びロに掲げるものを除く。）。
二　次に掲げる行為
　　イ　公訴を提起しないこと。
　　ロ　公訴を取り消すこと。
　　ハ　特定の訴因及び罰条により公訴を提起し、又はこれを維持すること。
　　ニ　特定の訴因若しくは罰条の追加若しくは撤回又は特定の訴因若しくは罰条への変更を請求すること。
　　ホ　第二百九十三条第一項の規定による意見の陳述において、被告人に特定の刑を科すべき旨の意見を陳述すること。
　　ヘ　即決裁判手続の申立てをすること。
　　ト　略式命令の請求をすること。
②　前項に規定する「特定犯罪」とは、次に掲げる罪（死刑又は無期の懲役若しくは禁錮に当たるものを除く。）をいう。
一　刑法第九十六条から第九十六条の六まで若しくは第百五十五条の罪、同条の例により処断すべき罪、同法第百五十七条の罪、同法第百五十八条の罪（同法第百五十五条の罪、同条の例により処断すべき罪又は同法第百五十七条第一項若しくは第二項の罪に係るものに限る。）又は同法第百五十九条から第百六十三条の五まで、第百九十七条から第百九十七条の四まで、第百九十八条、第二百四十六条から第二百五十条まで若しくは第二百五十二条から第二百五十四条までの罪
二　組織的な犯罪の処罰及び犯罪収益の規制等に関する法律（平成十一年法律第百三十六号。以下「組織的犯罪処罰法」という。）第三条第一項第一号から第四号まで、第十三号若しくは第十四号に掲げる罪に係る同条の罪、同項第十三号若しくは第十四号に掲げる罪に係る同条の罪の未遂罪又は組織的犯罪処罰法第十条若しくは第十一条の罪
三　前二号に掲げるもののほか、租税に関する法律、私的独占の禁止及び公正取引の確保に関する法律（昭和二十二年法律第五十四号）又は金融商品取引法（昭和二十三年法律第二十五号）の罪その他の財政経済関係犯罪として政令で定めるもの

四　次に掲げる法律の罪
　　イ　爆発物取締罰則（明治十七年太政官布告第三十二号）
　　ロ　大麻取締法（昭和二十三年法律第百二十四号）
　　ハ　覚せい剤取締法（昭和二十六年法律第二百五十二号）
　　ホ　武器等製造法（昭和二十八年法律第百四十五号）
　　ヘ　あへん法（昭和二十九年法律第七十一号）
　　ト　銃砲刀剣類所持等取締法（昭和三十三年法律第六号）
　　チ　国際的な協力の下に規制薬物に係る不正行為を助長する行為等の防止を図るための麻薬及び向精神薬取締法等の特例等に関する法律（平成三年法律第九十四号）
　五　刑法第百三条、第百四条若しくは第百五条の二の罪又は組織的犯罪処罰法第七条第一項第一号から第三号までに掲げる者に係る同条の罪（いずれも前各号に掲げる罪を本犯の罪とするものに限る。）
③　第一項の合意には、被疑者若しくは被告人がする同項第一号に掲げる行為又は検察官がする同項第二号に掲げる行為に付随する事項その他の合意の目的を達するため必要な事項をその内容として含めることができる。

〔弁護人の同意〕
第三百五十条の三　前条第一項の合意をするには、弁護人の同意がなければならない。
②　前条第一項の合意は、検察官、被疑者又は被告人及び弁護人が連署した書面により、その内容を明らかにしてするものとする。

〔協議〕
第三百五十条の四　第三百五十条の二第一項の合意をするため必要な協議は、検察官と被疑者又は被告人及び弁護人との間で行うものとする。ただし、被疑者又は被告人及び弁護人に異議がないときは、協議の一部を弁護人のみとの間で行うことができる。

〔他人の刑事事件についての供述の求め〕
第三百五十条の五　前条の協議において、検察官は、被疑者又は被告人に対し、他人の刑事事件について供述を求めることができる。この場合においては、第百九十八条第二項の規定を準用する。
②　被疑者又は被告人が前条の協議においてした供述は、第三百五十条の二第一項の合意が成立しなかつたときは、これを証拠とすることができない。
③　前項の規定は、被疑者又は被告人が当該協議においてした行為が刑法第百三条、第百四条若しくは第百七十二条の罪又は組織的犯罪処罰法第七条第一項第一号若しくは第二号に掲げる者に係る同条の罪に当たる場合において、これらの罪に係る事件において用いるときは、これを適用しない。

〔司法警察員との協議〕
第三百五十条の六　検察官は、司法警察員が送致し若しくは送付した事件又は司法警察員が現に捜査していると認める事件について、その被疑者との間で第三百五十条の四の協議を行おうとするときは、あらかじめ、司法警察員と協議しなければならない。
②　検察官は、第三百五十条の四の協議に係る他人の刑事事件について司法警察員が現に捜査していることその他の事情を考慮して、当該他人の刑事事件の捜査のため必要と認めるときは、前条第一項の規定により供述を求めることその他の当該協議における必要な行為を司法警察員にさせることができる。この場合において、司法警察員は、検察官の個別の授権の範囲内で、検察官が第三百五十条の二第一項の合意の内容とすることを提案する同項第二号に掲げる行為の内容の提示をすることができる。

第二節　公判手続の特例

〔合意内容書面の取調べ〕

第三百五十条の七　検察官は、被疑者との間でした第三百五十条の二第一項の合意がある場合において、当該合意に係る被疑者の事件について公訴を提起したときは、第二百九十一条の手続が終わった後（事件が公判前整理手続に付された場合にあっては、その時後）遅滞なく、証拠として第三百五十条の三第二項の書面（以下「合意内容書面」という。）の取調べを請求しなければならない。被告事件について、公訴の提起後に被告人との間で第三百五十条の二第一項の合意をしたときも、同様とする。

②　前項の規定により合意内容書面の取調べを請求する場合において、当該合意の当事者が第三百五十条の十第二項の規定により当該合意から離脱する旨の告知をしているときは、検察官は、あわせて、同項の書面の取調べを請求しなければならない。

③　第一項の規定により合意内容書面の取調べを請求した後に、当該合意の当事者が第三百五十条の十第二項の規定により当該合意から離脱する旨の告知をしたときは、検察官は、遅滞なく、同項の書面の取調べを請求しなければならない。

第三百五十条の八　被告人以外の者の供述録取書等であって、その者が第三百五十条の二第一項の合意に基づいて作成したもの又は同項の合意に基づいてされた供述を録取若しくは記録したものについて、検察官、被告人若しくは弁護人が取調べを請求し、又は裁判所が職権でこれを取り調べることとしたときは、検察官は、遅滞なく、合意内容書面の取調べを請求しなければならない。この場合において、前条第二項及び第三項の規定を準用する。

第三百五十条の九　検察官、被告人若しくは弁護人が証人尋問を請求し、又は裁判所が職権で証人尋問を行うこととした場合において、その証人となるべき者との間で当該証人尋問についてした第三百五十条の二第一項の合意があるときは、検察官は、遅滞なく、合意内容書面の取調べを請求しなければならない。この場合においては、第三百五十条の七第三項の規定を準用する。

第三節　合意の終了

〔離脱〕

第三百五十条の十　次の各号に掲げる事由があるときは、当該各号に定める者は、第三百五十条の二第一項の合意から離脱することができる。

一　第三百五十条の二第一項の合意の当事者が当該合意に違反したとき　その相手方

二　次に掲げる事由　被告人

　イ　検察官が第三百五十条の二第一項第二号ニに係る同項の合意に基づいて訴因又は罰条の追加、撤回又は変更を請求した場合において、裁判所がこれを許さなかつたとき。

　ロ　検察官が第三百五十条の二第一項第二号ホに係る同項の合意に基づいて第二百九十三条第一項の規定による意見の陳述において被告人に特定の刑を科すべき旨の意見を陳述した事件について、裁判所がその刑より重い刑の言渡しをしたとき。

　ハ　検察官が第三百五十条の二第一項第二号ヘに係る同項の合意に基づいて即決裁判手続の申立てをした事件について、裁判所がこれを却下する決定（第三百五十条の二十二第三号又は第四号に掲げる場合に該当することを理由とするものに限る。）をし、又は第三百五十条の二十五第一項第三号若しくは第四号に該当する

こと（同号については、被告人が起訴状に記載された訴因について有罪である旨の陳述と相反するか又は実質的に異なつた供述をしたことにより同号に該当する場合を除く。）となつたことを理由として第三百五十条の二十二の決定を取り消したとき。
　二　検察官が第三百五十条の二第一項第二号トに係る同項の合意に基づいて略式命令の請求をした事件について、裁判所が第四百六十三条第一項若しくは第二項の規定により通常の規定に従い審判をすることとし、又は検察官が第四百六十五条第一項の規定により正式裁判の請求をしたとき。
　三　次に掲げる事由　検察官
　　イ　被疑者又は被告人が第三百五十条の四の協議においてした他人の刑事事件についての供述の内容が真実でないことが明らかになつたとき。
　　ロ　第一号に掲げるもののほか、被疑者若しくは被告人が第三百五十条の二第一項の合意に基づいてした供述の内容が真実でないこと又は被疑者若しくは被告人が同項の合意に基づいて提出した証拠が偽造若しくは変造されたものであることが明らかになつたとき。
②　即決裁判手続による証拠調べは、公判期日において、適当と認める方法でこれを行うことができる。
②　前項の規定による離脱は、その理由を記載した書面により、当該離脱に係る合意の相手方に対し、当該合意から離脱する旨の告知をして行うものとする。

〔検察審査会の起訴議決〕
第三百五十条の十一　検察官が第三百五十条の二第一項第二号イに係る同項の合意に基づいて公訴を提起しない処分をした事件について、検察審査会法第三十九条の五第一項第一号若しくは第二号の議決又は同法第四十一条の六第一項の起訴議決があつたときは、当該合意は、その効力を失う。

〔証拠能力〕
第三百五十条の十二　前条の場合には、当該議決に係る事件について公訴が提起されたときにおいても、被告人が第三百五十条の四の協議においてした供述及び当該合意に基づいてした被告人の行為により得られた証拠並びにこれらに基づいて得られた証拠は、当該被告人の刑事事件において、これらを証拠とすることができない。
②　前項の規定は、次に掲げる場合には、これを適用しない。
　一　前条に規定する議決の前に被告人がした行為が、当該合意に違反するものであつたことが明らかになり、又は第三百五十条の十第一項第三号イ若しくはロに掲げる事由に該当することとなつたとき。
　二　被告人が当該合意に基づくものとしてした行為又は当該協議においてした行為が第三百五十条の十五第一項の罪、刑法第百三条、第百四条、第百六十九条若しくは第百七十二条の罪又は組織的犯罪処罰法第七条第一項第一号若しくは第二号に掲げる者に係る同条の罪に当たる場合において、これらの罪に係る事件において用いるとき。
　三　証拠とすることについて被告人に異議がないとき。

第四節　合意の履行の確保

〔公訴棄却〕
第三百五十条の十三　検察官が第三百五十条の二第一項第二号イからニまで、ヘ又はトに係る同項の合意（同号ハに係るものについては、特定の訴因及び罰条により公訴を提起する旨のものに限る。）に違反して、公訴を提起し、公訴を取り消さず、異なる訴因及び罰

条により公訴を提起し、訴因若しくは罰条の追加、撤回若しくは変更を請求することなく若しくは異なる訴因若しくは罰条の追加若しくは撤回若しくは異なる訴因若しくは罰条への変更を請求して公訴を維持し、又は即決裁判手続の申立て若しくは略式命令の請求を同時にすることなく公訴を提起したときは、判決で当該公訴を棄却しなければならない。

② 検察官が第三百五十条の二第一項第二号ハに係る同項の合意（特定の訴因及び罰条により公訴を維持する旨のものに限る。）に違反して訴因又は罰条の追加又は変更を請求したときは、裁判所は、第三百十二条第一項の規定にかかわらず、これを許してはならない。

〔証拠能力〕
第三百五十条の十四 検察官が第三百五十条の二第一項の合意に違反したときは、被告人が第三百五十条の四の協議においてした供述及び当該合意に基づいてした被告人の行為により得られた証拠は、これらを証拠とすることができない。

② 前項の規定は、当該被告人の刑事事件の証拠とすることについて当該被告人に異議がない場合及び当該被告人以外の者の刑事事件の証拠とすることについてその者に異議がない場合には、これを適用しない。

〔合意違反の罪〕
第三百五十条の十五 第三百五十条の二第一項の合意に違反して、検察官、検察事務官又は司法警察職員に対し、虚偽の供述をし又は偽造若しくは変造の証拠を提出した者は、五年以下の懲役に処する。

② 前項の罪を犯した者が、当該合意に係る他人の刑事事件の裁判が確定する前であって、かつ、当該合意に係る自己の刑事事件の裁判が確定する前に自白したときは、その刑を減軽し、又は免除することができる。

【資料 2 】 米国司法省と司法取引をした日本企業（主な例）

※主に米国司法省ホームページ掲載のニュースリリースをもとに筆者作成。

日 付	関係業種	会 社	違反事実	罰金等（ドル）	備 考
2010.9.30	コンプレッサ製造販売	総合電機メーカー	価格カルテル	4910万	役員 1 名の訴追あり。
2011.4.6	プラント建設	エンジニアリング会社	外国公務員贈賄	2億1880万	
2011.9.15	マリンホース製造販売	タイヤメーカー	価格カルテル 外国公務員贈賄	2800万	役員 1 名が訴追され、8 万ドルの罰金及び 2 年間の禁錮刑（2008.12.10）。
2011.9.28	航空貨物輸送	総合物流会社	価格カルテル	1046万5677	
		国際航空貨物会社		452万2065	
		総合物流会社		2111万5396	
		総合物流会社		264万4779	
		大手私鉄		467万3114	
		総合物流会社		333万9648	
2011.9.30		海上・航空輸送会社		184万	
2011.9.30	光ディスク製造販売	光ディスクメーカー	価格カルテル	2110万	
2011.11.14	自動車部品製造販売	非鉄金属メーカー	価格カルテル	2億	3 名の役員に約 1 年から18カ月の禁錮刑。
2012.1.17	プラント建設	総合商社	外国公務員贈賄	5460万	
2012.1.30	自動車部品製造販売	自動車部品メーカー	価格カルテル	4億7000万	●同法違反の歴史上 2 番目の高額罰金（当時）。 ● 6 名の役員に14カ月から 2 年の禁錮刑と各 2 万ドルの罰金。
		自動車部品メーカー		7800万	役員 5 名に約 1 年から16カ月の禁錮刑と各 2 万ドルの罰金。なお、他の役員 1 名に司法妨害により約 1 年の禁錮刑。
2012.4.23		非鉄金属メーカー	価格カルテル	2000万	
2012.8.28		計器・センサーメーカー		100万	
2012.10.30		自動車部品メーカー		1770万	
2013.9.26		自動車部品メーカー		1億9500万	個人 2 名も訴追され、うち 1 名は日本人（約12カ月の禁錮刑と 2 万ドルの罰金）。
		機械・自動車部品メーカー		1億327万	
		自動車部品メーカー		1億3500万	
		総合電機メーカー		1億9000万	
		機械メーカー		1450万	
		ベアリングメーカー		6820万	
		熱交換器メーカー		1375万	
		自動車部品メーカー		1360万	
		自動車ゴム部品メーカー		1100万	
2013.7.16		自動車電気機器メーカー		1900万	前社長（禁錮16カ月）、前副社長（禁錮13カ月）および両名に各罰金5000ドル。
2013.7.18		総合電機メーカー		4580万	役員 1 名の訴追あり。
		電機メーカー		1073.1万	

日付				金額	備考
2013.11.26		タイヤ・自動車部品メーカー		1億2000万	米子会社出向社員1名に約12カ月の禁錮刑と2万ドルの罰金。
2013.11.27		自動車機器メーカー		144万	
2014.1.16		自動車用照明部品等メーカー		5660万	
2014.2.3		自動車部品メーカー		686万	
2014.2.13		タイヤメーカー		4億2500万	前回取引時に今回違反を申告しなかったことが考慮。役員4名の訴追あり。
2014.3.19	自動車販売	自動車メーカー	通信詐欺[1]	12億	
	発電所建設	総合商社	外国公務員贈賄	8800万	
2014.4.23	自動車部品製造販売	自動車部品メーカー	価格カルテル	1990万	
2014.8.19		がいし・セラミックメーカー		5210万[2]	罪証隠滅を図った前社長ら3名の免責なし。
		セラミックス製品メーカー		5210万	
2014.9.26	国際貨物輸送	海運会社	価格カルテル	6770万	役員1名の訴追あり。
2014.9.29	自動車部品製造販売	輸送機器・電気機器メーカー	価格カルテル	2600万	
2014.11.13		自動車部品メーカー	価格カルテル	3580万	
2014.12.29	国際貨物輸送	海運会社	価格カルテル	5940万	役員2名の訴追あり。従業員1名に15カ月の禁錮刑と2万ドルの罰金。
2015.2.2	自動車部品製造販売	ベアリングメーカー	価格カルテル	1350万	
2015.9.2	電解コンデンサ製造販売	電気・電子部品メーカー	価格カルテル	1380万	役員1名の訴追あり[3]。
2016.3.1	医療機器販売	光学機器・電子機器メーカー米国子会社	医療関係者に対する利益供与	6億2320万	
2016.4.27	電解コンデンサ製造販売	化学メーカー	価格カルテル	380万	
2016.7.20	自動車部品製造販売	自動車用シール製品メーカー	価格カルテル	1億3000万	社員3名の訴追あり。
2016.8.9		自動車部品メーカー		5548万	
2016.8.22	電解コンデンサ製造販売	電子部品・プリント基板メーカー	価格カルテル	400万	
		電解コンデンサメーカー	価格カルテル	1200万	
2017.1.13	自動車エアバッグ製造	自動車用安全部品メーカー	通信詐欺（試験データの偽装等）	10億[4]	役員3名の訴追あり。
2017.2.8	電解コンデンサ製造販売	温度機器制御メーカー	価格カルテル	417万	役員1名の訴追あり（1年1日の服役期間に同意）。

1） 大規模リコール問題において車体の安全性に関し消費者を欺く行為があったというもの。
2） 同年9月4日付け同社発表では同月3日付けの司法取引合意による罰金額は6350万ドル（約78億円）とされており、同年8月19日以降に新たな事案が加えられた可能性がある。
3） このほか、5名の役員又は幹部が同時に訴追されているが、所属会社は伏せられており、属性は不明。
4） 10億ドルのうち、罰金は2500万ドルで、その余の9億7500万ドルは被害者への補償基金。

【資料3】 脱税事犯処理の実情

※国税庁ホームページ掲載の報道発表資料をもとに筆者作成。

査察事件の告発等の状況

年度 件数・率等	平成22年度	平成23年度	平成24年度	平成25年度	平成26年度	平成27年度
処理件数	216	189	191	185	180	181
告発件数	156	117	129	118	112	115
うち脱税額3億円以上	15	10	11	4	6	5
うち脱税額5億円以上	6	3	3	2	1	1
告発率	72.2%	61.9%	67.5%	63.8%	62.2%	63.5%

査察事件の一審判決の状況

年度 件数・率等	平成22年度	平成23年度	平成24年度	平成25年度	平成26年度	平成27年度
判決件数①	152	150	120	116	98	133
他の犯罪との併合件数	-	12	2	17	8	12
有罪件数②	152	150	119	115	96	133
他の犯罪との併合件数	-	12	2	17	8	12
有罪率	100.0%	100.0%	99.2%	99.1%	98.0%	100.0%
実刑判決人数	6	15	3	9	11	2
他の犯罪との併合件数	-	6		9	3	1
1件当たり犯則税額（百万円）③	80	120	76	52	69	64
1人当たり懲役月数（月）④	13.8	15.3	13	12.9	15.9	15.2
1人（社）当たり罰金額（百万円）⑤	20	23	16	12	16	15

※③〜⑤は他の犯罪との併合事件を除いてカウント。

【資料４】 独禁法違反判決結果一覧（平成以降）

※公正取引委員会作成に係る「告発事件一覧」をもとに筆者作成。

No.	告発年月日	起訴年月日	被告会社・被告人	判決 年月日・裁判所	判決 内容	業種	事案	備考
①	*H3.11.6*[1)]	H2.12.10	8社、15名	H5.5.21・東高[2)]	罰金600万〜800万円（対会社）懲役6月〜1年（2年猶予）	化学	価格カルテル	
②	H5.2.24	H5.2.31	4社	H5.12.14・東高	罰金400万円（対会社）	印刷	入札談合	
③	*H7.3.6*	H7.6.15	9社、18名	H8.5.31・東高	罰金4000万〜6000万円（対会社）懲役8月又は10月（2年猶予）	電気設備	入札談合	
④	H9.2.4	H9.3.31	25社、34名	H9.12.24・東高	罰金500万〜900万円（対会社）懲役6月〜9月（2年猶予）	水道関係	入札談合	上告棄却
⑤	*H11.2.4*	H11.3.1	3社、10名	H12.2.23・東高	罰金3000万〜1億3000万円（対会社）懲役6月〜10月（2年猶予）	鋳鉄関係	価格カルテル	
⑥	*H11.10.13*	H11.11.9	11社、9名	H16.3.24・東高	罰金300万〜8000万円（対会社）懲役6月〜1年6月（2〜3年猶予）	石油関係	入札談合	上告棄却
⑦	*H15.7.2*	H15.7.23	4社、5名	H16.3.26〜5.21・東高	罰金2000万〜3000万円（対会社）懲役1年〜1年2月（3年猶予）	水道関係	入札談合	
⑧	*H17.5.23*	H17.6.15	26社、9名 元理事1名	H18.11.10〜 H19.9.21・東高	罰金1億6000万〜6億4000万円（対会社）懲役1年〜2年6月（猶予3〜4年）	橋梁		
⑨	*H17.6.29*	H17.8.1 〜 8.19	6社・4名 公団理事ら2名	H19.12.7、 H20.7.4・東高	公団理事に懲役2年（猶予3年）副総裁に懲役2年6月（猶予4年）[3)]	橋梁	入札談合	上告棄却
⑩	*H18.5.23*	H18.6.12	11社、11名	H19.3.12〜5.17・大阪地	罰金7000万〜2億2000万円（対会社）罰金140万〜170万円（対個人）懲役1年4月〜2年6月（猶予3〜4年）	し尿処理		うち1名は贈賄あり
⑪	*H19.2.28*	H19.3.20	5社、5名	H19.10.15・名古屋地	罰金1億〜2億円（対会社）懲役1年6月〜3年（猶予3〜5年）	地下鉄	入札談合	
⑫	*H19.5.24*	H19.6.13	4法人・5名 独法理事ら2名	H19.11.1・東京地	罰金4000万〜9000万円（対法人）懲役6月〜8月（猶予2〜3年）独法理事らに懲役1年6月〜2年（猶予3〜4年）	測量設計	入札談合	
⑬	*H20.11.11*	H20.12.8	3社、6名	H21.9.15・東京地	罰金1億6000万〜1億8000万円（対会社）懲役10月〜1年（猶予3年）	鋼板等	価格カルテル	
⑭	H24.6.14	H24.6.24	3社、7名	H24.12.28〜 H28.3.22東京地、東高	罰金1億8000万〜4億円（対会社）懲役1年〜1年6月（猶予3年）	軸受	価格カルテル	
⑮	H26.3.4	H26.3.4	8社、8名	H26.9.30〜 H26.11.14東京地	罰金1億2000万〜1億6000万円（対会社）懲役1年2月〜1年6月（猶予3年）	機械設備	入札談合	
⑯	H28.2.29	H28.2.29	10社、11名	H28.9.7〜 H28.11.1東京地	罰金1億2000万〜1億8000万円 懲役1年2月〜1年6月（猶予3年）	災害復旧	入札談合	

1) 告発年月日の斜体部分は追加告発があったもの（以下同じ）。
2) 「東高」は東京高等裁判所を指す（以下同じ）。06年1月の改正独禁法施行前に起訴された事件については、一審は東京高裁で審理。
3) この2名以外については、⑧と併合の上、判決が言い渡されたものと推測される？

【資料5】証取法・金商法違反処理結果一覧

※証券取引等監視委員会作成に係る「告発事件の概要一覧表」をもとに筆者作成。

No.	告発年月日	罪名	事案	判決 年月日	裁判所（確定審）	判決内容	
1	H5.5.21	相場操縦等	仮装売買等	H6.10.3	東京地裁	不動産会社社長　懲役2年6月（猶予4年）、金融業者役員　懲役2年（猶予3年）	日本ユニシス株
2	H6.5.17	虚偽の有報提出	粉飾決算	H15.11.13	東京高裁		社長懲役1年2月（猶予3年）
				H15.11.18	東京高裁	役員　懲役1年8月（猶予4年）	
3	H6.10.14	内部者取引	重要事実公表前の売付け	H6.12.20	大阪簡裁	会社役職員、取引先職員　罰金20万〜50万円	
				H16.1.13	最高裁	医師　罰金30万円	
4	H7.2.10	内部者取引	重要事実公表前の売付け	H7.13.24	東京簡裁	取引銀行　罰金50万円、同行役職員2名　罰金20万〜50万円　取引先・同職員　各罰金30万円	
5	H7.6.23	風説の流布	虚偽の事実の発表	H8.3.22	東京地裁	会社社長　懲役1年4月（猶予3年）	
6	H7.12.22	損失補てん	顧客勘定への付替え	H8.2.19	東京簡裁	社長、役職員4名　罰金30万〜50万円	千代田証券
				H8.12.24		証券会社　罰金1500万円、同社役員　懲役6月（猶予2年）	
7	H8.8.2	内部者取引	重要事実公表前の買付け	H12.3.24	東京地裁	割当先監査役（弁護士）　懲役6月（猶予3年）、追徴金約2621万円	
8	H9.1.17	風説の流布	虚偽の事実の掲載	H9.1.30	東京簡裁	雑誌監修人（投資顧問業）　罰金50万円	
9	H9.4.8	内部者取引	重要事実公表前の売付け	H9.5.1	名古屋簡裁	役員4名等　罰金50万円	
				H9.9.30	名古屋地裁	会長　懲役6月（猶予3年）	
10	H9.4.25	内部者取引	重要事実公表前の買付け	H9.5.27	東京簡裁	割当先会社及び社長　罰金30万円	
11	H9.5.13	損失補てん	顧客勘定への付替え	H11.1.20	東京地裁	証券会社　罰金1億円、同社社長及び役員　懲役1年（猶予3年）	野村證券
				H11.4.21	東京地裁	顧客　懲役9月、追徴金約6億9363万円	11〜13、15は同一顧客で一括審理。
12	H9.9.17	損失補てん	顧客勘定への付替え	H10.7.17	東京地裁	証券会社　罰金8000万円、同社役員　懲役10月（猶予2年）	山一證券
				H10.9.30	東京地裁	同社副社長　懲役1年（猶予3年）	
				H10.11.6	東京地裁	同社職員　懲役10月（猶予2年）、同社役職員2名　懲役8月（猶予2年）	
				H11.4.21	東京地裁	顧客　11号事件と一括審理	
				H11.6.24	東京地裁	同社役員　懲役10月（猶予3年）	
				H13.10.25	東京高裁	同社社長　懲役3年（猶予5年）	
13	H9.10.21	損失補てん	顧客勘定への付替え	H10.9.21	東京地裁	証券会社　罰金1000万円、同社副社長・職員　懲役10月（猶予3年）	日興證券
				H11.4.21	東京地裁	顧客　11号事件と一括審	
14	H9.10.23	損失補てん	顧客勘定への付替え	証券会社関係者につき、12号事件と一括審理		山一證券	
15	H9.10.28	損失補てん	顧客勘定への付替え	H10.10.15	東京地裁	証券会社　罰金4000万円、同社副社長　懲役1年（猶予3年）、同社役職員3名　懲役10月（猶予3年）、同社役職員2名　懲役8月（猶予3年）	大和證券
				H11.4.21	東京地裁	顧客　11号事件と同じ	

16	H10.3.9	損失補てん	顧客勘定への付替え	証券会社関係者につき、13号事件と一括審理			日興證券
17	H10.3.20	虚偽の有報提出	有価証券含み損の飛ばし	H12.3.28	東京地裁	会長　懲役2年6月（猶予5年）	山一證券
				H13.10.25	東京高裁	社長　懲役3年（猶予5年）	
18	H10.5.29	内部者取引	重要事実公表前の買付け	H10.8.26	横浜簡裁	親会社役員　罰金50万円	
19	H10.7.6	内部者取引	重要事実公表前の売付け	H10.7.17	東京簡裁	関連会社職員の親族　罰金50万円	
				H10.11.10	東京地裁	関連会社役員　懲役6月（猶予3年）・罰金50万円	
20	H10.10.30	内部者取引	重要事実公表前の買付け	H11.3.19	東京簡裁	證券会社職員　懲役6月（猶予3年）・罰金50万円	
				H15.12.3	最高裁	合併相手先役員　懲役6月・罰金50万円	
21	H10.12.17	内部者取引	重要事実公表前の売付け	H11.2.15	東京簡裁	取引先職員　罰金50万円	
				H11.10.29	東京高裁	取引先役員　懲役1年6月（猶予3年）・罰金200万円	
22	H11.2.10	内部者取引	重要事実公表前の売付け	取引先役員につき、21号事件と一括審理			
				H11.10.29	東京高裁	同業他社社長　懲役1年2月（猶予3年）・罰金200万円	
23	H11.3.4	相場操縦	仮装売買等	H11.6.24	大阪地裁	金融業者役員　懲役1年6月（猶予3年）、金融業者　罰金400万円	
24	H11.6.30	虚偽の有報提出	引当・償却の不適正	H20.7.18	最高裁	頭取、副頭取2名　いずれも無罪	長銀
25	H11.8.13	虚偽の有報提出	引当・償却の不適正	H23.8.30	東京高裁	会長、頭取、副頭取　いずれも無罪	最高裁の破棄差戻しを受けたもの
26	H11.12.3	相場操縦	仮装売買等	H12.5.19	横浜地裁	会社社長　懲役1年6月（猶予3年）	
27	H11.12.27	虚偽の有報提出	資産・収益の過大計上	H15.8.11	東京高裁	副社長　懲役7年・罰金6000万円、会社　罰金1000万円	ヤクルト
28	H12.1.31	虚偽の有報提出	架空売上げ	H13.1.30	横浜地裁	社長　懲役1年6月（猶予3年）	
29	H12.3.21	偽計	虚偽の資料提出	H13.3.22	東京簡裁	役職員2名　罰金30万円	クレスベール
30	H12.3.22	偽計	虚偽の説明	H18.11.20	最高裁	会長　懲役3年、罰金6400万円	クレスベール
31	H12.5.26	内部者取引	重要事実公表前の売付け	H12.7.19	東京地裁	取引先役員　懲役8月（猶予3年）・罰金100万円・追徴金約448万円	
32	H12.11.28	内部者取引	重要事実公表前の買付け	H12.11.28	東京簡裁	会社役員の姉　罰金50万円・追徴約158万円	
33	H12.12.4	風説の流布等	虚偽の発表等	H12.12.4	東京簡裁	会社役員ら3名　罰金50万円	
				H14.11.8	東京地裁	会社役員　懲役2年（猶予4年）・罰金600万円	
34	H12.12.4	大量保有報告書不提出	東天紅株券の大量保有	H14.11.8	東京地裁	会社役員　懲役2年（猶予4年）・罰金600万円	
35	H13.3.12	内部者取引	重要事実公表前の付け	H13.5.29	東京地裁	提携先社員（公認会計士）　懲役1年（猶予3年）・罰金100万円・追徴金約1414万円	
36	H13.4.27	相場操縦	仮装売買等	H14.9.12	名古屋地裁	会社社長　懲役1年6月（猶予3年）・追徴金2818万円	
37	H13.12.20	虚偽の有報提出	架空収益の計上等	H14.10.8	大阪地裁	社長　懲役2年（猶予3年）、副社長　懲役1年（猶予3年）　常務　懲役10月（猶予3年）	
38	H14.3.20	相場操縦	仮装売買等	H15.7.30	東京地裁	会社役員　懲役2年（猶予3年）・追徴約1億1395万円	
				H15.11.11	東京地裁	無職　懲役2年（猶予3年）・追徴金約1億2080万円	
				H19.3.29	最高裁	会社役員　懲役2年（猶予3年）・追徴金約1億2080万円	

39	H14.3.26	内部者取引	重要事実公表前の買付け	H14.10.16	東京地裁	下請会社役員　懲役8月（猶予3年）・罰金100万円・追徴金約922万円	
40	H14.6.7	虚偽の有報提出	架空収益の計上等	H14.6.10	大阪簡裁	公認会計士2名　罰金50万円	
41	H14.6.28	虚偽の有報提出	架空工事の代金計上	H15.3.31	大阪地裁	役員　懲役3年6月	ナナボシ
				H16.1.16	最高裁	会長　懲役2年6月	
42	H14.6.28	内部者取引	重要事実公表前の買付け	H15.5.2	東京地裁	銀行員　懲役1年2月（猶予3年）・罰金80万円・追徴金約400万円	三笠コカ・コーラ株
				H16.5.31	最高裁	医師　懲役10月（猶予3年）・罰金50万円・追徴金約400万円	
43	H14.6.28	内部者取引	重要事実公表前の買付け	42号事件と一括審理			
44	H14.7.31	内部者取引	重要事実公表前の買付け	H15.2.28	東京地裁	会社員　懲役1年（猶予3年）・罰金100万円・追徴金約1048万円	
45	H14.9.6	虚偽の有報提出	架空工事の代金計上	41号事件と一括審理			
46	H14.11.29	風説の流布・偽計	虚偽情報の提供	H15.3.28	広島簡裁	株券取引者　罰金30万円・追徴金36万6000円	
47	H14.12.16	虚偽の有報提出	架空資産の計上等	H15.7.14	東京地裁	会長　懲役2年	エムティーシーアイ
48	H14.12.19	内部者取引	重要事実公表前の買付け	H15.9.10	東京地裁	証券会社（公開買付代理人）職員　懲役1年6月（猶予3年）・罰金100万円・追徴金約921万円	ニチメン株
49	H14.12.26	偽計	虚偽の事実の公表	47号事件と一括審理			
50	H15.2.13	内部者取引	重要事実公表前の買付け	H15.7.3	大阪地裁	会社職員　懲役1年6月（猶予3年）・罰金100万円・追徴金290万円　職員知人　懲役1年（猶予3年）・罰金80万円、追徴金約210万円	三笠コカ・コーラ株
51	H15.5.20	内部者取引	重要事実公表前の買付け	H15.7.3	大阪地裁	会社職員につき、50号事件と一括審理　職員実弟　懲役1年（猶予3年）・罰金100万円・追徴金約545万円	三笠コカ・コーラ株
52	H15.3.24	虚偽の有報提出	架空売上げの計上	H15.9.17	東京地裁	専務　懲役2年（猶予3年）	ケイビー
				H16.7.29	東京高裁	常務　懲役4年	
				H18.7.3	最高裁	会長　懲役8年	
53	H15.5.28	内部者取引	重要事実公表前の買付け	H15.10.21	東京地裁	証券会社（公開買付代理人）職員　懲役1年2月（猶予3年）・罰金70万円・追徴金約891万円	ニチメン株
54	H15.7.16	内部者取引	重要事実公表前の買付け	H16.1.30	横浜地裁	当該会社職員　懲役1年2月（猶予3年）・罰金80万円・追徴金約845万円	
55	H15.7.25	相場操縦	仮装売買等	H19.7.12	最高裁	大阪証券取引所副理事長　懲役1年（猶予3年）	一審（大阪地裁）無罪
56	H15.7.30	内部者取引	重要事実公表前の買付け	H15.10.30	東京地裁	証券会社（公開買付代理人）職員　懲役1年2月（猶予3年）・罰金80万円・追徴金約936万円	ニチメン株
57	H15.11.14	内部者取引	重要事実公表前の買付け	H16.8.3	名古屋地裁	会社員　懲役10月（猶予3年）・罰金80万円・追徴金約1105万円	
58	H16.2.24	相場操縦	仮装売買等	H17.2.8	東京地裁	会社役員2名　懲役2年6月（猶予4年）・追徴金3億1082万円	キャッツ株
				H17.3.11	東京地裁	会社社長　懲役3年（猶予5年）・追徴金3億1082万円	
				H19.2.20	最高裁	会社役員　懲役2年6月（猶予4年）・追徴金3億1082万円	
59	H16.2.27	内部者取引	重要事実公表前の売付け	H16.5.27	名古屋地裁	会社役員　懲役10月（猶予3年）・罰金80万円	
60	H16.3.29	虚偽の有報提出等	株式取得価格の水増し等	H17.3.4	東京地裁	会社役員　懲役1年6月（猶予3年）	キャッツ
				H17.3.11	東京地裁	会社社長につき、58号事件と一括審理	
				H22.5.31	最高裁	公認会計士　懲役2年（猶予4年）	
61	16.5.31	内部者取引	重要事実公表前の買付け	H16.9.3	大阪地裁	会社役員　懲役1年6月（猶予3年）・罰金100万円・追徴金約945万円	

62	H16.6.22	虚偽の有報提出	完成工事総利益等の粉飾	H17.5.13	大阪地裁	会社役員　懲役2年（猶予4年）	森本組
				H17.5.20	大阪地裁	会社役員　懲役2年（猶予5年）	
				H17.7.12	大阪地裁	会社役員　懲役2年6月（猶予5年）	
				H22.6.4	最高裁	会社役員　懲役6年	
63	H16.6.24	内部者取引	重要事実公表前の売付け	H17.10.19	東京地裁	会社役員　懲役1年6月（猶予3年）・罰金100万円・追徴金1000万円	
				H18.4.26	最高裁	会社役員　懲役1年2月（猶予3年）・罰金80万円・追徴金655万円	
64	H16.11.2	内部者取引	重要事実公表前の売付け	H18.2.20	最高裁	当該会社社長　懲役3年6月・罰金200万円	メディア・リンクス株
65	H16.11.19	風説の流布、偽計	虚偽の事実の公表	H18.2.20	最高裁	当該会社　罰金500万円　当該会社社長につき、64号事件と一括審理	メディア・リンクス
66	H16.11.30	相場操縦	見せ玉	H17.12.9	釧路地裁	会社員　懲役1年6月（猶予3年）・罰金100万円	
67	H16.12.9	虚偽の有報提出	架空売上げ等の計上	H18.2.20	最高裁	同社社長につき、64、65号事件と一括審理　当該会社につき、65号事件と一括審理	メディア・リンクス
68	H17.1.26	内部者取引	重要事実公表前の買付け	H18.8.10	東京地裁	会社役員　懲役1年2月（猶予3年）・罰金20万円・追徴金約3310万円　同役員の経営する会社　罰金100万円・追徴金約851万円	
69	H17.3.14	内部者取引	重要事実公表前の買付け	H17.10.28	東京地裁	国家公務員　懲役1年6月（猶予3年）・罰金90万円・追徴金約1373万円	
70	H17.3.22	内部者取引	重要事実公表前の買付け	H17.6.27	大阪地裁	同社役員　懲役1年6月（猶予3年）・罰金80万円・追徴金約625万円　その妻　懲役1年（猶予3年）・罰金50万円・追徴金約625万円	
71	H17.3.22	虚偽の有報提出	所有割合を過少記載	H17.10.27	東京地裁	会社役員　懲役2年6月（猶予4年）・罰金500万円　当該会社　罰金2億円	西武鉄道
72	H17.3.22	内部者取引	重要事実公表前の売付け	H17.10.27	東京地裁	会社役員につき、71号事件と一括審理　親会社　罰金1億2000万円	
73	H17.6.10	内部者取引	重要事実公表前の買付け	H18.7.7	東京地裁	契約先社員　懲役1年6月（猶予3年）・罰金50万円・追徴金658万円	
74	H17.6.20	相場操縦	仮装売買等	H22.12.13	最高裁	個人投資家　懲役2年（猶予3年）・追徴金約1166万円	
75	H17.8.17	虚偽の有報提出	子会社の連結外し	H18.3.27	東京地裁	社長　懲役2年（猶予3年）、役員　懲役1年6月（猶予3年）	カネボウ
76	H17.9.30	虚偽の有報提出	子会社の連結外し	H18.5.8	東京地裁	公認会計士　懲役1年6月（猶予3年）　公認会計士2名　懲役1年（猶予3年）	カネボウ
77	H17.11.15	相場操縦	仮装売買等	H18.7.19	大阪地裁	会社役員　懲役2年（猶予4年）・罰金200万円・追徴金約4924万円	
78	H18.2.10	風説の流布、偽計	虚偽の事実の公表	H19.3.22	東京地裁	同社社長等2名　懲役1年6月（猶予3年）	ライブドア
				H19.3.23	東京地裁	当該会社　罰金2億8000万円、同社子会社　罰金4000万円	
				H23.4.25	最高裁	同社社長　懲役2年6月、同社役員　懲役1年2月	
79	H18.2.22	内部者取引	重要事実公表前の売付け	H18.9.19	仙台地裁	同社社員　懲役1年2月（猶予3年）・罰金60万円・追徴金約429万円	
80	H18.2.22	内部者取引	重要事実公表前の売付け	H18.8.11	福島地裁	同社社員　懲役1年2月（猶予3年）・罰金80万円・追徴金約345万円	
81	H18.2.22	内部者取引	重要事実公表前の売付け	H18.8.11	福島地裁	同社社員　懲役10月（猶予3年）・罰金30万円・追徴金約124万円	
82	H18.3.13	虚偽の有報提出	自社株売却益の計上	H19.3.22	東京地裁	会社役員　懲役1年（猶予3年）　同社役員等2名については、78号事件と一括審理	ライブドア
				H19.3.23	東京地裁	当該会社については、78号事件と一括審理	
				H23.4.25	最高裁	社長、役員について、78号事件と一括審理	
83	H18.3.30	虚偽の有報提出	自社株売却益の計上	H20.9.19	東京高裁	公認会計士　懲役1年（猶予4年）	ライブドア
				H23.5.18	最高裁	公認会計士　懲役1年（猶予4年）	
84	H18.5.30	内部者取引	重要事実公表前の買付け	H18.11.28	さいたま地裁	同社役員同居人　懲役1年2月（猶予4年）・追徴金約452万円　その実妹　懲役1年（猶予4年）・追徴金約435万円	
				H19.3.20	さいたま地裁	同社社員　懲役1年6月（猶予5年）・罰金100万円・追徴金約1089万円	

				H19.7.31	東京高裁	当該役員の実子　懲役1年2月（猶予4年）・罰金50万円・追徴金約1532万円	
85	H18.6.22	内部者取引	重要事実公表前の買付け	H23.6.6	最高裁	ファンド実質経営者　懲役2年（猶予3年）・罰金300万円・追徴金約11億4900万円　ファンド中核会社　罰金2億円	ニッポン放送株
86	H18.7.25	内部者取引	重要事実公表前の買付け	H18.12.25	東京地裁	新聞社社員　懲役2年6月（猶予4年）・罰金600万円・追徴金約1億1674万円	
87	H18.8.3	内部者取引	重要事実公表前の買付け	H19.12.18	横浜地裁	同社社員　懲役4年6月・罰金500万円・追徴金1億938万円	
88	H18.10.20	内部者取引	重要事実公表前の買付け	H19.1.16	東京地裁	同社顧問　懲役2年（猶予3年）・罰金200万円・追徴金1675万円	
89	H19.2.5	内部者取引	重要事実公表前の買付け	H19.6.22	大阪地裁	同社社員　懲役2年（猶予3年）・罰金200万円・追徴金6000万円	セイクレスト
90	H19.2.6	虚偽の有報提出	連結子会社の存在を隠ぺい	H19.5.7	名古屋地裁	社長　懲役1年6月（猶予4年）、役員　懲役1年（猶予3年）	
91	H19.2.26	内部者取引	重要事実公表前の買付け	H19.6.22	大阪地裁	89号事件と一括審理	セイクレスト
92	H19.2.26	内部者取引	重要事実公表前の買付け	H19.5.9	大阪地裁	同社社員の知人　懲役1年（猶予3年）・罰金80万円・追徴金533万円	セイクレスト
93	H19.3.27	相場操縦	仮装売買等	H21.9.29	大阪地裁	会社役員　懲役3年（猶予5年）・罰金500万円・追徴金約9億7843万円	ビーマップ
				H20.11.13	大阪地裁	会社役員　懲役1年（猶予3年）・追徴金約2億4533万円	
				H23.9.16	最高裁	会社役員　懲役1年（猶予3年）・追徴金約2億4533万円	
				H24.5.29	最高裁	会社役員　懲役1年6月（猶予4年）・追徴金約2億4533万円	
94	H19.5.29	内部者取引	重要事実公表前の買付け	H20.7.15	札幌高裁	会社役員　懲役1年（猶予3年）・罰金70万円・追徴金約35591万円	
95	H19.6.4	内部者取引	重要事実公表前の買付け	H19.9.10	札幌地裁	会社役員　懲役2年（猶予4年）・罰金150万円・追徴金約5407万円	
96	H19.6.7	内部者取引	重要事実公表前の買付け	H19.1.23	秋田地裁	印刷会社役員、親族2名　懲役2年6月（猶予4年）・罰金300万円　親族　懲役2年（猶予4年）・罰金250万円、親族　懲役1年6月（猶予4年）・罰金200万円	
97	H19.6.25	相場操縦	仮装売買等	H21.5.14	東京高裁	無職　懲役1年6月（猶予4年）・罰金200万円・追徴金約5億1108万円	
				H21.10.6	最高裁	無職　懲役2年6月（猶予4年）・罰金300万円	
98	H19.6.28	相場操縦	情報流布	97号事件と一括審理			
99	H19.10.15	相場操縦	仮装売買等	H20.7.25	大阪地裁	会社役員　懲役3年（猶予5年）・追徴金約4億4225万円	
100	H19.10.30	風説の流布	虚偽の事実の流布	H21.11.18	東京高裁	会社役員　懲役2年6月・追徴金約15億5810万円	
101	H19.11.1	相場操縦	仮装売買等	H20.3.21	大阪地裁	会社役員　懲役2年（猶予5年）・追徴金約3億8379万円	
				H20.7.25	大阪地裁	会社役員につき、99号事件と一括審理	
102	H19.11.29	相場操縦	仮装売買等	97、98号事件と一括審理			
103	H20.3.4	相場固定	一定の価格以下の買付注文	H20.6.17	名古屋地裁	当該証券会社　罰金2500万円、同役員　懲役1年（猶予3年）　同役員　懲役10月（猶予3年）	
				H21.3.30	名古屋高裁	同役員　懲役2年（猶予4年）	
104	H20.3.5	偽計	虚偽の事実の公表	H24.7.5	最高裁	当該会社　罰金500万円・追徴金7億3315万円	
				H20.10.17	大阪地裁	役員　懲役1年6月（猶予3年）・追徴金7億3315万円　役員　懲役1年（猶予3年）・追徴金7億3315万円	
				H21.9.29	大阪地裁	会社役員につき、93号事件と一括審理	
105	H20.3.14	内部者取引	重要事実公表前の買付け	H20.3.25	札幌簡裁	印刷会社社員　罰金50万円	
				H20.5.23	札幌地裁	印刷会社社員　懲役2年6月（猶予3年）・罰金700万円・追徴金約1億5938万円	

106	H20.5.30	内部者取引	重要事実公表前の買付け	H20.12.25	東京地裁	証券会社社員　懲役2年6月（猶予4年）・罰金100万円・追徴金635万円　その知人　懲役2年6月（猶予4年）・罰金300万円・追徴金5544万円（内635万円は連帯）	
107	H20.6.16	虚偽の有報提出	架空売上げの計上	H20.11.28	神戸地裁	当該会社　罰金500万円、同社役員　懲役3年（猶予4年）	
				H24.12.25	神戸地裁	同社役員　懲役3年（猶予5年）・罰金1500万円	
108	H20.6.17	虚偽の有報提出等	架空売上げの計上等	H21.1.29	大阪地裁	同社役員　懲役2年6月（猶予4年）・罰金500万円	
				H21.2.29	大阪地裁	同社役員　懲役3年（猶予4年）・罰金500万円	
				H21.11.26	大阪地裁	同社役員　懲役3年（猶予5年）・罰金800万円	
109	H20.10.7	内部者取引	重要事実公表前の売付け	H21.9.14	東京地裁	同社役員　懲役15年・罰金500万円・追徴金約4億1223万円	
110	H20.11.26	暴行脅迫	危害告知	H21.11.24	横浜地裁	同社役員　懲役6年	
111	H20.12.5	内部者取引	重要事実公表前の売付け	H21.4.15	東京地裁	会社役員　懲役1年6月（猶予3年）・罰金100万円・追徴約1924万円	
112	H20.12.17	暴行脅迫	危害告知	110号事件と一括審理			
113	H20.12.24	虚偽の有報提出等	架空売上げの計上等	H21.4.28	広島地裁	当該会社　罰金800万円、同社社長　懲役2年（猶予4年）　同社役員　懲役1年6月（猶予3年）、同社役員　懲役1年（猶予3年）	オー・エイチ・ティー
114	H21.2.10	内部者取引	重要事実公表前の売付け	H21.5.25	大阪地裁	IRコンサルティング業者　懲役2年6月（猶予4年）・罰金300万円・追徴金約1億2092万円	ワークスアプリケーションズ
115	H21.3.25	虚偽の有価証券届出書提出	架空売上げの計上等	H21.8.5	さいたま地裁	同社専務　懲役2年6月（猶予4年）	プロデュース
				H22.8.10	最高裁	同社社長　懲役3年・罰金1000万円	
116	H21.3.27	内部者取引	重要事実公表前の買付け	H21.7.8	高松地裁	上場企業社長　懲役2年6月（猶予4年）・罰金100万円、その実質支配会社　罰金200万円	両名追徴金3億5500万円
117	H21.3.31	内部者取引	重要事実公表前の売付け	H21.5.27	さいたま地裁	同社元役員　懲役3年（猶予4年）・罰金500万円・追徴金約7888万円	プロデュース株
118	H21.4.22	内部者取引	重要事実公表前の売付け	H21.6.17	東京地裁	同社執行役員　懲役1年（猶予3年）・罰金100万円・追徴金約915万円	ジェイ・ブリッジ株
119	H21.4.27	内部者取引	重要事実公表前の売付け	H21.12.10	東京地裁	同社会長　懲役3年（猶予5年）・罰金200万円・追徴金約3750万円	ジェイ・ブリッジ株
120	H21.4.28	虚偽の有報提出等	架空売上げの計上等	115号事件と一括審理			プロデュース
121	H21.4.28	虚偽の有報提出等	架空売上げの計上等	H26.9.17	最高裁	公認会計士　懲役3年6月	プロデュース
122	H21.7.14	偽計	虚偽の事実の公表	H23.3.23	最高裁	会社役員　懲役2年6月（猶予4年）・罰金400万円・追徴金約3億147万円	ペイントハウス
123	H21.7.31	内部者取引	重要事実公表前の買付け	H22.6.10	東京高裁	同社社員　懲役2年（猶予3年）・罰金200万円・追徴金約1293万円　会社員　懲役2年（猶予3年）・罰金300万円・追徴金約1億6164万円	
124	H21.9.29	相場操縦	見せ玉等	H22.4.28	東京地裁	無職　懲役2年2月（猶予4年）・罰金250万円・追徴金約2億2661万円　会社役員　懲役2年（猶予4年）・罰金300万円・追徴金約2億2661万円　無職　懲役1年6月（猶予4年）・罰金150万円・追徴金約2億2661万円	
125	H21.10.20	内部者取引	重要事実公表前の買付け	H22.2.4	東京地裁	無職　懲役2年6月（猶予4年）・罰金500万円・追徴金15億3180万円	
126	H21.11.24	相場操縦	仮装売買等	H22.8.18	大阪地裁	同社社長　懲役3年（猶予5年）・罰金300万円・追徴金約2億5529万円	

			H22.8.25	大阪地裁	会社員　懲役2年（猶予4年）・罰金200万円・追徴金約2億5529万円	
			H22.9.1	大阪地裁	会社役員　懲役3年（猶予4年）・罰金300万円・追徴金約2億6477万円	
127	H21.12.15	内部者取引	重要事実公表前の売付け	H22.4.5	東京地裁	会社役員　懲役2年6月（猶予4年）・罰金500万円・追徴金約8462万円　会社役員　懲役1年6月（猶予3年）・罰金200万円　会社役員　懲役2年6月（猶予4年）・罰金500万円・追徴金約2億7218万円	
128	H21.12.15	内部者取引	重要事実公表前の買付け				
129	H21.12.24	偽計	虚偽の事実の公表	H22.8.18	大阪地裁	126号事件と一括審理	
130	H22.2.9	相場操縦	仮装売買等	H27.4.8	最高裁	会社経営者　懲役3年（猶予5年）・罰金400万円・追徴金約3億7637万円	
131	H22.3.2	虚偽の有報提出等	架空売上げの計上等	H24.12.13	東京高裁	同社会長　懲役3年・罰金800万円	ニイウスコー
				H25.6.4	最高裁	同社副会長　懲役2年6月（猶予4年）・罰金300万円	
132	H22.3.16	内部者取引	重要事実公表前の売付け	H22.9.1	大阪地裁	会社役員につき、126号事件と一括審理	
				H27.4.8	最高裁	当該会社の実質的経営者につき、130号事件と一括審理	
133	H22.3.19	虚偽の有報提出等	架空売上げの計上等	131号事件と一括審理			ニイウスコー
134	H22.3.26	偽計	虚偽の事実の公表	H22.11.24	東京地裁	同社元顧問　懲役3年（猶予4年）、同社元社長　懲役2年6月（猶予4年）	トランスデジタル
135	H22.5.11	内部者取引	重要事実公表前の売買	H23.4.26	東京地裁	銀行員　懲役2年6月（猶予4年）・罰金200万円・追徴金約5824万円	
136	H22.6.15	内部者取引	重要事実公表前の買付け				
137	H22.10.6	虚偽の有価証券届出書提出	架空売上げの計上	H24.2.29	さいたま地裁	同社社長、同社専務　各懲役3年	エフオーアイ
138	H22.10.26	偽計	虚偽の表明				
139	H22.10.28	相場操縦	見せ玉等	H24.11.19	最高裁	会社役員　懲役2年6月（猶予4年）・罰金600万円・追徴金約2億6148万円	
140	H22.12.7	内部者取引	重要事実公表前の買付け	H24.9.7	東京地裁	同社社外取締役の配偶者　懲役2年（猶予3年）・罰金100万円・追徴金約3725万円（内2766万円は下記法人と連帯）同人の主宰法人　罰金400万円・追徴金2766万円	
141	H23.2.9	無届社債募集	社債券取得の申込みの勧誘	H27.4.1	最高裁	同社会長　懲役6年・罰金300万円	
142	H23.3.22	内部者取引	重要事実公表前の売付け	H24.10.30	最高裁	会社役員　懲役3年・追徴金約3232万円	
143	H23.5.27	虚偽の有報提出等	架空売上げの計上等	H24.3.8	東京地裁	同社役員　懲役2年6月（猶予3年）、同社嘱託社員　懲役2年6月（猶予4年）・罰金400万円　会社役員　懲役3年（猶予5年）・罰金800万円	富士バイオメディックス
				H24.9.20	東京高裁	同社社長　懲役2年	
144	H23.6.10	内部者取引	重要事実公表前の売付け		横浜地裁	※　公判手続停止中	スルガコーポレーション
145	H23.7.13	内部者取引	重要事実公表前の買付け	H23.9.16	東京地裁	会社役員　懲役3年（猶予3年）・罰金400万円・追徴金約1億796万円	
146	H23.8.2	偽計	虚偽情報の公表	H23.10.11	大阪地裁	会社役員及び会社　各懲役1年6月（猶予3年）	NESTAGE
				H25.5.10	大阪地裁	同社　罰金300万円、同社会長　懲役1年4月（猶予3年）　同社社長　懲役1年2月（猶予3年）、同社執行役員　懲役1年（猶予3年）	
147	H23.8.5	相場操縦	見せ玉等	H25.1.25	福岡高裁	会社役員　懲役3年・罰金300万円・追徴金約1億8695万円	
148	H23.12.12	偽計	虚偽の事実の公表	H24.2.14	東京地裁	会社員　懲役2年6月（猶予3年）	井上工業
				H24.3.7	東京地裁	同社社員　懲役1年6月（猶予3年）	
				H24.3.12	東京地裁	同社社員　懲役2年（猶予3年）、証券ブローカー　懲役2年6月（猶予4年）	

149	H23.12.21	風説の流布及び偽計	電子掲示板に虚偽文書掲載	H23.12.22	神戸簡裁	無職　罰金30万円・追徴金４万8330円	
150	H24.1.31	内部者取引	重要事実公表前の買付け		最高裁	国家公務員〈一審判決：懲役１年６月［猶予３年］・罰金100万円・追徴金約1031万円〉※　係属中	エルピーダ株等
151	H24.3.6	虚偽の有報提出	金融商品の簿外処理等	H25.7.3	東京地裁	同社　罰金７億円、同社社長　懲役３年（猶予５年）同社役員（監査役）　懲役３年（猶予５年）、同社役員　懲役２年６月（猶予４年）	オリンパス
					最高裁	会社役員〈一審判決：懲役１年６月［猶予３年］・罰金700万円〉※　係属中	
					東京高裁	会社役員〈一審判決：懲役４年・罰金1000万円・預金債権約７億2430万円没収〉　会社役員〈一審判決：懲役３年・罰金600万円・預金債権約４億1149万円没収〉　上記２名及び156号事件被告人と連帯し、追徴金約８億8399万円　※　いずれも係属中	
152	H24.3.22	内部者取引	重要事実公表前の売買	H25.2.20	福岡高裁	会社役員　懲役３年（猶予５年）・罰金300万円・追徴金約２億2442万円　会社役員　懲役２年６月（猶予４年）・罰金200万円・追徴金約２億1693万円	
153	H24.3.22	内部者取引	重要事実公表前の買付け				
154	H24.3.26	偽計	虚偽の事実の公表	H25.4.12	東京地裁	同社役員　懲役２年６月（猶予４年）・400万円	セラーテムテクノロジー
				H26.10.16	最高裁	同社　罰金800万円、同社社長　懲役２年（猶予４年）・罰金400万円	
155	H24.3.28	虚偽の有報提出	金融商品の簿外処理等	151号事件と一括審理			オリンパス
156	H24.3.28	虚偽の有報提出	金融商品の簿外処理等		東京高裁	会社役員〈一審判決：懲役２年［猶予４年］・罰金400万円・預金債権約１億8944万円没収〉　151号事件被告人２名と連帯し、追徴金８億8399万円　※　係属中（151号事件と一括審理）	
157	H24.3.28	内部者取引	重要事実公表前の売付け	H24.5.18	神戸地裁	無職　懲役２年（猶予３年）・罰金300万円・追徴金約8637万円	
158	H24.7.9	投資一任契約締結に係る偽計	虚偽の運用実績の提示	H28.4.12	最高裁	同社社長　懲役15年、同社役員　懲役７年　証券会社社長　懲役７年・没収約５億6884万円　上記３名連帯し、追徴金約156億9809万円	AIJ投資顧問
159	H24.7.13	内部者取引	重要事実公表前の買付け	H25.2.28	横浜地裁	会社役員　懲役２年（猶予４年）・罰金300万円・追徴金約１億43万円	
					最高裁	証券会社執行役員〈一審判決：懲役２年６月［猶予４年］・罰金150万円〉※　係属中	
160	H24.7.30	投資一任契約締結に係る偽計	虚偽の運用実績の提示	158号事件と一括審理			
161	H24.8.3	内部者取引	重要事実公表前の買付け	159号事件と一括審理			
162	H24.9.19	投資一任契約締結に係る偽計	虚偽の運用実績の提示	158、160号事件と一括審理			
163	H24.10.5	投資一任契約締結に係る偽計	虚偽の運用実績の提示	158、160、162号事件と一括審理			
164	H24.12.18	偽計	虚偽の事実の公表	H25.9.26	大阪地裁	同社社長　懲役２年６月（猶予４年）・罰金300万	セイクレスト
				H27.7.7	最高裁	会社役員　懲役２年６月（猶予４年）・罰金300万円・追徴金約６億2926万円	
165	H25.4.30	内部者取引	重要事実公表前の買付け	H25.11.22	東京地裁	同社社員　懲役２年６月（猶予４年）・罰金300万・追徴金4473万円	

166	H25.7.12	相場操縦	仮装売買等		最高裁	会社役員〈一審判決：懲役3年［猶予4年］・罰金2000万円・追徴金約8286万円〉 ※ 係属中	セントラル総合開発株
167	H26.3.19	風説の流布	電子掲示板に根拠のない書き込み	H26.3.20	名古屋簡裁	会社役員　罰金80万円・追徴金275万円	
168	H26.6.16	虚偽の有報提出	架空売上げの計上等		東京地裁 ※ 係属中		インデックス
169	H26.8.8	偽計	虚偽の事実の公表	H26.10.21	東京地裁	会社役員　懲役2年（猶予3年）	
170	H26.10.7	相場操縦	見せ玉等	H27.10.22	東京地裁	無職、会社役員　各懲役2年6月（猶予4年）・罰金250万円　上記2名連帯し、追徴金約3億9039万円	
171	H26.12.19	相場操縦	仮装売買等	H27.4.14	神戸地裁	無職　懲役2年8月・罰金500万円・追徴金約3291万円	
172	H27.2.2	虚偽の有報提出	架空売上げの計上等	H27.8.4	東京地裁	同社社長　懲役2年6月（猶予4年）	
				H27.12.9	東京高裁	同社役員　懲役4年6月	
173	H27.3.24	内部者取引	重要事実公表前の買付け	H27.8.18	東京地裁	会社役員　懲役1年6月（猶予3年）・罰金100万円・追徴金約1642万円	
				H27.11.25	東京地裁	会社役員　懲役1年6月（猶予3年）・罰金100万円・追徴金約3284万円	
174	H27.6.2	内部者取引	重要事実公表前の買付け	H27.9.14	千葉地裁	会社役員　懲役3年（猶予4年）・罰金400万円・7800株没収・追徴金約2億5752万円	
175	H27.6.15	偽計	虚偽の事実の公表	H28.3.23	東京地裁	同社　罰金1000万円　同社社長　懲役3年（猶予4年）・罰金500万円・追徴金約2億3677万円　同社役員　懲役1年6月（猶予4年）・罰金200万円・追徴金約4811万円	
176	H27.7.3	虚偽の有報提出	架空売上げの計上等			同社及び同社社長につき、175号事件と一括審理	
177	H27.10.23	虚偽の有報提出	金融商品の簿外処理等		東京地裁	会社経営者　※　係属中	
178	H27.12.4	相場操縦	高指値の買い注文		東京地裁	無職2名、大学教員　※　係属中	
179	H27.12.8	内部者取引	重要事実公表前の売付け	H28.2.26	東京地裁	会社役員　懲役2年（猶予4年）・罰金200万円・追徴金約3649万円	重要事実＝監視委の強制調査
180	H27.12.24	風説の流布、偽計等	ウェブサイトに虚偽情報		東京地裁	178号事件と一括審理	
181	H28.3.28	虚偽の有報提出	架空資産の計上		東京地裁	同社、同社社長　※　係属中	

【資料6】外国公務員贈賄罪の適用事例

※経済産業省「外国公務員贈賄防止指針」（平成27年7月30日改訂）をもとに筆者作成。

No.	判決年月	裁判所	事案	判決結果	備考
①	平成19年3月	福岡簡裁	フィリピン公務員に対し、請負契約の早期締結のため、ゴルフクラブセット（約80万円相当）を供与。	社員2名 各罰金50万円、20万円	九電工 初の適用事例
②	平成21年1月、3月	東京地裁	ベトナム公務員に対し、道路建設に関するコンサルタント業務受注の謝礼として、合計約80万ドルを供与。	●前社長等4名[1] 懲役1年6月〜2年6月 いずれも執行猶予3年 ●会社に罰金7000万円	PCI 初の公判請求事例
③	平成25年10月	名古屋簡裁	中国の地方政府幹部に対し、現地工場の違法操業を見逃してもらうため、合計約56万円相当の金品を供与。	元役員 罰金50万円	フタバ産業
④	平成27年2月	東京地裁	インドネシア、ベトナム及びウズベキスタンの鉄道公社関係者等に対し、各国における鉄道コンサルタント事業に関し有利な取り計らいを受けるため、合計約1億4500万円相当の金銭を供与。	●前社長等役員3名[2] 懲役2年〜3年（執行猶予3年〜4年） ●会社に罰金9000万円	日本交通技術社

1) 前社長については、別件詐欺罪でも起訴され、外国公務員贈賄罪との併合罪として判決が下されている。
2) 贈賄を実行した社員は起訴されていない。

索　引

あ

域外適用··97
一事不再理································ 35, 75, 79

裏付け資料の提供······················· 34, 52
裏付け捜査···························33, 54, 62, 67

か

カーブアウト······································108
外国公務員（に対する）贈賄罪···17, 18, 127, 157
外部の専門家の活用························119
課徴金減免制度（リーニエンシー）···82, 116, 145
株主代表訴訟······················135, 153, 154
軽い求刑·······························41, 42, 44, 46
軽い罪による起訴······················· 40, 42

企業関連犯罪······························102, 156
企業の直面する犯罪リスク···········102
偽証罪····································33, 57, 79, 95
偽造の証拠··95
起訴議決··80
起訴相当議決··80
起訴便宜主義···························· 19, 87, 91
起訴猶予······································· 19, 40
偽変造証拠使用罪································94
客観的属地主義··································132
求刑·· 44, 46
協議・合意制度の趣旨·························20
協議と取調べの違い····························50
協議における供述································64

協議の打切り································ 49, 62
協議の開始····························12, 48, 52, 56
協議の申入れ······························116, 136
協議の持ちかけ····································48
協議の様子の記録化····························60
協議の録音録画····································60
供述調書の作成····································36
競争法の域外適用······························132
協力行為··32
協力行為を怠った場合························34
虚偽供述等処罰罪···35, 57, 75, 79, 93, 94, 129
金商法違反（事件）···················· 17, 157

警察··51, 66, 116
刑事免責制度··98
刑法の場所的適用範囲······················127
検察官··11
検察官と司法警察員との協議···········66
検察審査会·······························42, 80, 123
検察の在り方検討会議···························2

合意違反···················· 35, 43, 74, 75, 77, 78
合意からの離脱············14, 34, 43, 47, 76, 78
合意からの離脱事項····························74
合意からの離脱の効果···················· 35, 75
合意内容··13
合意内容書面······························ 13, 54, 68
合意内容書面等の取調べ···13, 47, 70, 93, 124
合意内容書面の記載内容····················68
合意内容の証拠化································13
合意の失効··80
合意の成立··13
合意の目的を達成するために必要となる事項

179

（付随事項） ……………………… 72
合意離脱告知書 ……………………… 70
合意離脱告知書の取調べ …………… 70
効果主義 ……………………………… 132
公訴棄却 ……………………………… 40
公訴の取消し ……………………… 40, 42
国際捜査共助 ………………………… 96
国際捜査共助等に関する法律 ……… 96

さ

財政経済関係犯罪 ………………… 7, 38
裁判員裁判事件 ……………………… 16
裁量型課徴金制度 …………………… 144

自己負罪型 …………………… 5, 83, 88, 90
事実調査 ……………… 113, 115, 118, 125, 129
執行猶予 ……………………………… 41
司法警察員 …………………………… 67
司法警察員の協議への関与 ………… 66
司法制度改革審議会 ………………… 2
社内リーニエンシー ………………… 143
遮蔽措置 ……………………………… 73
証言 …………………………………… 36
証言拒絶権 …………………………… 98
証拠隠滅等罪 ………………………… 57
証拠の使用制限 ……… 13, 15, 64, 75, 77, 81
証拠の提出その他の必要な協力 …… 34
証拠保全 ……………………………… 121
新時代の刑事司法制度特別部会 …… 3
真実の供述 ……………………… 32, 95

善管注意義務 …………………… 135, 153

訴因 …………………………………… 41
訴因の追加・変更 …………………… 43
捜査 …………………………………… 85
捜査共助条約 ………………………… 96
捜索差押え …………………………… 109
捜査公判協力型 ………………… 4, 88, 91
捜査への協力 ……… 116, 120, 125, 141

属人主義 ……………………………… 127
属地主義 ……………………………… 127
組織的犯罪の特徴 …………………… 39
租税法違反（脱税事件） ………… 17, 156
即決裁判手続 ……………… 25, 41, 42

た

代表訴訟の例
　――蛇の目ミシン株主代表訴訟 …… 155
　――住友電工カルテル代表訴訟 …… 154
　――大和銀行株主代表訴訟 ………… 155
　――ダスキン株主代表訴訟 ………… 155
　――ヤクルト株主代表訴訟 ………… 155
代表訴訟リスク ……………… 113, 140, 154
他人 ……………… 4, 106, 112, 121, 124
他人の刑事事件 ………………… 20, 28

調査 …………………………………… 85

独占禁止法違反（事件） ………… 17, 156
特定犯罪 ……………………………… 16
特定犯罪の例
　――汚職の罪 ………………………… 16
　――外国公務員贈賄罪 ……………… 17
　――金商法違反 ……………………… 17
　――公務の作用を妨害する罪 ……… 16
　――財産犯罪 ………………………… 17
　――租税法違反 ……………………… 17
　――独占禁止法違反 ………………… 17
　――特定犯罪に関する犯人隠避等 … 17
　――文書偽造の罪 …………………… 16
取調べの録音録画 …………………… 60
取調べへの弁護人の立会い ………… 58

な

内部調査チームの編成 ……………… 119
内部通報制度 ………………………… 143

は

派生証拠 ………………………… 65, 81

犯則調査················58, 73, 83, 85, 116

ヒアリング ················115, 120, 137
被疑者 ······································ 6
被疑者等 ·································· 20
被告人 ······································ 6
引っ張り込みの危険 14, 23, 28, 57, 92, 94, 125
引っ張り込みへの対応···················129

不起訴························ 19, 40, 42
不起訴処分の見直し（再起）········ 78
不起訴相当議決·························· 80
不起訴不当議決·························· 80

弁護士倫理························ 57, 93
弁護人とのコミュニケーション・情報共有・53, 59
弁護人の関与······················ 5, 92
弁護人の選任···························130
弁護人の同意····················· 13, 54
弁護人の役割·············49, 53, 56, 93
弁護人費用·······························134
変造の証拠······························· 95

法人······································· 26

法制審議会································ 3
保秘の徹底·······························122

ま

マスコミ対応·····························146

や

約束による供述························· 86

有事対応マニュアル··················143
郵便不正事件······························ 2

ら

リーニエンシー················82, 116, 145
略式手続···································· 25
略式命令···························· 41, 42
量刑······························· 46, 156
量刑ガイドライン··············· 44, 138
量刑不当による控訴申立て········· 79
両罰規定······················26, 106, 141

レピュテーショナルダメージ···········141

論告······································· 41

索引

【著者紹介】

山口　幹生（やまぐち　みきお）

弁護士、弁護士法人大江橋法律事務所（東京事務所）カウンセル
公認不正検査士

　1989年検事任官。東京地検、横浜地検、福岡地検、広島地検等において財政経済事犯等を中心とした捜査処理に従事。その間、法務省刑事局、同司法法制部、内閣司法制度審議会事務局において国際捜査共助、司法制度の企画立案や、東京地検特捜部において政治家に対する贈収賄・政治資金規正法違反その他の重要知能犯事件の捜査処理を担当。2011年横浜地検特別刑事部長、2012年同地検刑事部長、2013年広島地検次席検事を歴任し、2014年退官、同年大江橋法律事務所（東京事務所）に入所し、現在に至る。

　取扱分野は刑事法、独占禁止法、金融商品取引法、ホワイトカラークライム、コンプライアンス、企業不祥事対応。

　各種企業不祥事に関する第三者委員会委員、役員責任調査委員会委員及び同責任追及に係る損害賠償請求訴訟・訴訟代理人等を務め、社外監査役にも就任。そのほか、企業不祥事等に関する各種セミナー・講演、役員研修の講師もこなす。第一東京弁護士会・民事介入暴力対策委員、同スポーツ法研究部会部会員。

名取　俊也（なとり　としや）

弁護士　弁護士法人大江橋法律事務所（東京事務所）カウンセル

　1988年検事任官。横浜地検、那覇地検、東京地検、大阪地検等において捜査公判に従事。法務省刑事局、同矯正局、同大臣官房秘書課等において立法、法務行政、広報対応を担当したほか、2010年東京地検刑事部副部長として贈収賄事件、公職選挙法違反等知能犯事件をはじめとする各種事件の捜査を指揮。最高検検事、盛岡地検検事正を歴任し、2016年退官、同年大江橋法律事務所（東京事務所）に入所し、現在に至る。

　取扱分野は刑事法、独占禁止法、金融商品取引法、ホワイトカラークライム、コンプライアンス、企業不祥事対応。

　そのほか、企業不祥事等に関する各種セミナー・講演、役員研修の講師もこなす。

平成29年10月5日　初版発行　　　　　　　　略称：司法取引

Q&Aでわかる日本版「司法取引」への企業対応
―新たな協議・合意制度とその対応―

著　者　Ⓒ　山　口　幹　生
　　　　　　名　取　俊　也

発行者　　　中　島　治　久

発行所　　同文舘出版株式会社

東京都千代田区神田神保町1-41　　　　　〒101-0051
電話　営業(03)3294-1801　　　　　編集(03)3294-1803
振替 00100-8-42935　　　　　　http://www.dobunkan.co.jp

Printed in Japan 2017　　　　　　　　　　製版：一企画
　　　　　　　　　　　　　　　　　　印刷・製本：萩原印刷

ISBN978-4-495-46571-1

JCOPY 〈出版者著作権管理機構 委託出版物〉
本書の無断複製は著作権法上での例外を除き禁じられています。複製される場合は、そのつど事前に、出版者著作権管理機構（電話 03-3513-6969、FAX 03-3513-6979、e-mail: info@jcopy.or.jp）の許諾を得てください。